山西省哲学社会科学项目（晋规办字〔2017〕1号）资助
山西省软科学研究计划项目（2017041013-6）资助
山西省“1331工程”工商管理一流学科建设项目（晋财教〔2021〕83号）

Study on Mechanisms of Enhancing Firm Value by Divestitures

郭 伟 ◎ 著

资产剥离提升企业价值的机制研究

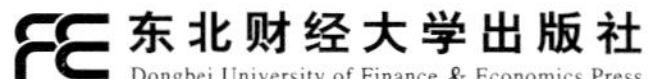

大连

图书在版编目（CIP）数据

资产剥离提升企业价值的机制研究 / 郭伟著. —大连：东北财经大学出版社，2022.11

（墨香财经学术文库）

ISBN 978-7-5654-4367-1

Ⅰ. 资… Ⅱ. 郭… Ⅲ. 企业-价值论-研究 Ⅳ. F270

中国版本图书馆CIP数据核字（2021）第217534号

东北财经大学出版社出版发行

大连市黑石礁尖山街217号 邮政编码 116025

网 址：http://www.dufep.cn

读者信箱：dufep@dufe.edu.cn

大连永盛印业有限公司印刷

幅面尺寸：170mm×240mm 字数：178千字 印张：12.5 插页：1

2022年11月第1版 2022年11月第1次印刷

责任编辑：李 栋 责任校对：徐 群

封面设计：冀贵收 版式设计：钟福建

定价：52.00元

教学支持 售后服务 联系电话：（0411）84710309

版权所有 侵权必究 举报电话：（0411）84710523

如有印装质量问题，请联系营销部：（0411）84710711

前言

伴随着第五次国际并购浪潮的掀起，越来越多的国内企业将并购作为扩张规模、保持竞争优势的手段。虽然很多企业通过并购重组实现了跨越式发展，但是也有相当多的企业以并购失败告终。在多元化企业内部资本市场信息优势被削弱、公司过度多样化导致重组低效的背景下，资本市场开始对多元化企业以及企业集团持消极态度。企业开始大量剥离先前所收购的不良资产或业务，试图扭转不成功收购所带来的负面效应。受国际金融危机的影响，我国经济增速放缓。为应对金融危机的冲击，国家实施了大规模的经济刺激计划，但是结构性失衡引发的供需错位已经成为制约我国经济增长的一大障碍。如何通过实施战略剥离成功退出落后领域、如何为企业注入新动能都是当前中国企业转型升级所面临的现实问题。

自20世纪90年代末以来，中国企业一直在积极参与企业重组。与西方丰富的资产剥离研究相比，我国对资产剥离的研究尚不够深入。此外，新兴经济体的制度环境将导致管理层行为和企业战略表现出不同于发达经济体的战略和行为模式，学者们运用在不同背景下发展起来的既定理论解释这种行为和策略时将面临挑战。鉴于此，本书综述了国内外相关文献，以资产剥离对企业价值的动态影响为依据来判断企业资产剥离的实施成效，并以此为基础，构建“资产剥离—财务维度的作用机制—企业价值”和“资产剥离—战略维度的作用机制—企业价值”的研究框架，选取沪深上市公司2010—2019年的经验数据，采用多元回归方法分析了资产剥离发挥效应的作用机制。

本书主要的研究内容和成果包括以下四个方面：（1）检验了资产剥离对企业价值的动态影响以及产权性质和行业特征的调节效应。从资产剥离对企业价值的整体效应来看，资产剥离的实施能够显著提高我国上市公司价值，并且该价值提升效应具有持续性。具体表现为，资产剥离实施的当年、剥离后第一年以及第二年，企业价值均有显著提升；从剥离后第三年以及第四年相关数据来看，资产剥离对企业价值的提升作用并不明显。从资产剥离对企业价值的异质性影响来看，相较于国有上市企业，资产剥离对非国有上市企业的价值提升效应更为明显；相较于劳动密集型企业，资产剥离对资本密集型和技术密集型企业的价值提升效应更为明显。（2）以资产剥离对企业价值的动态影响为基础，从财务维度探究资产剥离影响企业价值的作用机制，实证检验了融资约束和投资效率的动态中介效应，为探寻资产剥离发挥效应的内在机制提供基于投融资视角的解释。结果表明：融资约束和投资效率是资产剥离影响企业价值的长效机制，无论是在资产剥离对企业价值的短期还是长期影响中，融资约束和投资效率均发挥了中介作用。（3）以资产剥离对企业价值的动态影响为基础，从战略维度探究资产剥离影响企业价值的作用机制，实证检验了战略性资源投入的动态中介效应，为探寻资产剥离发挥效应的内在机理提供了基于剥离动因视角的解释。以战略性资源投入（包括创新投入和人力资本投入）作为战略转型测度的中介效应检验结果表明，从剥离动因来看，资产剥离是一种战略转型行为，战略性资源投入是资产剥离影响企业价值的长效机制。在战略转型的过程中，资产剥离主要通过促进人力资本投入对企业价值产生正向影响，创新投入并未在资产剥离对企业价值的正向影响中发挥中介作用。（4）以资产剥离对企业价值的动态影响为基础，从战略维度探究资产剥离影响企业价值的作用机制，实证检验了归核化的动态中介效应，为探寻资产剥离发挥效应的内在机理提供了基于转型方式视角的解释。以归核化（包括企业多元化程度和主营业务盈利能力）作为转型方式测度的中介效应检验结果表明，资产剥离主要体现了企业非归核化的战略转型。

本书的主要贡献有三点：(1) 明确了资产剥离对企业价值的影响效应，丰富了企业重组及其经济后果的理论研究。(2) 深化了资产剥离动因以及作用机制研究，揭示了不同维度各机制所发挥中介效应的持续性，实现了机制研究横向与纵向的内在统一。(3) 构建了“资产剥离—财务维度的长效机制—经济后果”和“资产剥离—战略维度的长效机制—经济后果”的一般理论与实证研究框架，为研究微观经济主体行为、作用机制以及经济后果搭起了重要的桥梁。

在撰写本书的过程中，作者得到了导师郭泽光教授的悉心指导，获得了中央财经大学余应敏教授、中国海洋大学罗福凯教授、天津财经大学田昆儒教授、山西大学张信东教授、太原理工大学郭淑娟教授以及太原学院郑济孝教授的悉心指导与支持，汲取了山西财经大学吴秋生教授、袁春生教授、田翔宇教授、王晓亮教授以及李颖教授的宝贵意见，得到了潘敏学书记、王志芳教授、郭婧博士、翟君博士、王少华博士、高俐弘老师、杨兴夏博士、王兴博士以及任劼博士的帮助与鼓励，在此向他们表示衷心的感谢！与此同时，还要感谢家人一直以来的理解与付出。最后，感谢山西省哲学社会科学项目（晋规办字〔2017〕1号）、山西省软科学研究计划项目（2017041013-6）的慷慨资助，同时感谢东北财经大学出版社的李栋编辑以及其他老师的辛勤付出。

由于作者水平有限，书中不足和疏漏之处在所难免，恳请广大读者批评指正。

作　者

2022年9月

目录

第1章　绪论

1.1　选题背景和研究意义

1.1.1　选题背景

（1）并购狂潮之后，企业开始大量剥离先前所收购的业务。

从20世纪90年代起，伴随着经济全球化的不断加深，企业第五次并购浪潮在全球范围内被掀起。受国际并购浪潮的影响，越来越多的国内企业将并购作为扩张规模、降低成本、保持竞争优势的手段。虽然国内外许多企业通过并购重组扩张了业务范围，实现了跨越式发展，然而也有相当多的企业以并购失败而告终。究其原因，主要在于战略不明确导致的盲目并购以及内部治理缺失等原因导致的并购后整合失败。在多元化企业内部资本市场信息优势被削弱，过度多样化导致重组低效的背景下，资本市场开始对多元化企业以及企业集团持高度批判态度。面对日益增多的负面证据，继20世纪80年代初的并购狂潮之后，越来越多的企业开始大量剥离先前所收购的不良资产或业务，试图扭转不成功收购所带来的负面效应。随着资产剥离交易数量和规模的逐步增加（见表1-1、图1-1），其在商业实践中的地位变得越来越重要。

表1-1　　**2010—2019年我国上市企业资产剥离概况**　　金额单位：亿元

年份	2010	2011	2012	2013	2014	2015	2016	2017	2018	2019
交易数量：	411	488	601	637	585	710	890	853	908	982
非国有企业	171	181	244	265	275	354	520	492	527	583
国有企业	240	307	357	372	310	356	370	361	381	399
交易金额：	392	673	1 128	1 293	1 171	3 288	2 486	2 545	3 129	3 741
非国有企业	130	190	350	335	366	1 081	1 003	1 351	1 872	2 143
国有企业	262	483	778	958	805	2 207	1 483	1 194	1 257	1 598

资料来源：作者根据国泰君安数据库信息整理所得。

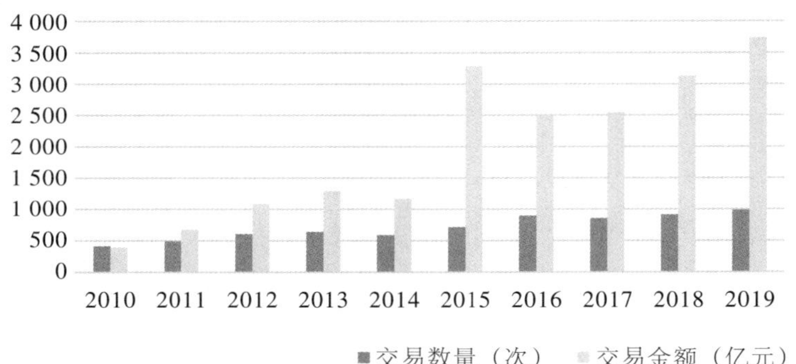

资料来源：作者根据国泰君安数据库信息整理所得。

图1-1　2010—2019年国内上市企业资产剥离概况

（2）战略性剥离是落实我国供给侧结构性改革的重要途径。

受国际金融危机的影响，我国经济增速放缓，国内需求增速放缓，产能严重过剩，供需矛盾不断凸显。为应对国际金融危机的冲击，国家实施了大规模经济刺激计划，特别是钢铁、煤炭、水泥、玻璃、石油、石化、铁矿石、有色金属等传统行业，由于产能过剩直接导致利润大幅下滑，结构性失衡引发的供需错位已经成为制约我国经济增长的最大障碍。此背景下，中央财经领导小组在2015年召开的第十一次会议上，将"供给侧结构性改革"作为中国经济的改革路径首次提出。随后召开的中央经济工作会议，将旨在调整经济结构，使要素实现最优配置，提升经济质量和数量双增长的"去产能、去库存、去杠杆、降成本、补短板"作为改革的重要手段予以明确。其中，"去产能"被列为五大手段之首，就是要鼓励企业通过"兼并重组"化解过剩产能，以提高供给体系效率。"我国经济已由高速增长阶段转向高质量发展阶段，正处在转变发展方式、优化经济结构、转换增长动力的攻关期"，这是党的十九大报告对我国经济发展趋势的客观评判，同时报告中还着重强调要继续推进供给侧结构性改革，加快建设成为创新型国家。由此可知，通过实施战略剥离，退出落后领域，布局新动能、新产业是当前中国产业转型升级、优化产业结构所面临的现实问题。

（3）归核化剥离是企业提升核心竞争力的有效手段。

2019年，习近平总书记指出，"做企业、做事业，不是仅仅赚几个钱的问题。做实体经济，要实实在在、心无旁骛地做一个主业，这是本分"[①]。过去30年，中国企业多元化发展大多是基于一种粗放的发展模式，盲目并购、注重短期利益而忽视了对企业核心能力的建立与维护。尤其是对于一些非主营业务的涉足，忽视了资源配置的有效性、业务间的相关性与互补性。然而，盲目的兼并、收购并未给企业带来"1+1>2"的协同效应。一方面，多元化战略下的资源过度分散很可能使企业核心业务因缺乏足够的资源支持而发展停滞，导致企业核心能力受损乃至丧失；另一方面，在市场大幅波动的情况下，企业非核心业务很可能会遭受重大冲击，停工停产，甚至变成"僵尸企业"，"僵尸企业"又反噬主业，侵蚀企业价值。

中国证券监督管理委员会于2014年先后对《上市公司重大资产重组管理办法》和《上市公司收购管理办法》进行了修订，以加速重组

① 张晓松，朱基钗，鞠鹏. 习近平：做实体经济要实实在在、心无旁骛做主业［EB/OL］.［2019-03-10］. http://www.gov.cn/xinwen/2019-03/10/content_5372653.htm.

的市场化进程，鼓励企业通过兼并、收购、剥离等重组方式进行战略调整。在商业实践中，资产剥离是企业实现核心业务发展或重新定位的可行性手段，甚至是新型业务创建的先决条件（Dranikoff et al., 2002）[57]。因此，如果说创新是中国企业转型升级的动力，那么资产剥离和业务归核①就是中国企业转型升级的起点。“剥离缺乏竞争力的资产，发展具备核心能力的业务，才能最终提升企业绩效。”（唐清泉和李萍，2016）[1]

（4）我国企业资产剥离活动日益频繁，呈逐年上升之势。

近年来，我国企业资产剥离活动日益频繁（见表1-2、图1-2），呈逐年上升之势。越来越多的企业已经开始或者正在考虑通过剥离精简业务回归主业、重塑核心竞争力。2008—2017年，我国上市公司资产剥离无论是数量还是金额均不断增长，屡创新高。从2008年联想对手机业务的剥离，到2019年中国重汽集团对房地产板块的剥离，从海航集团自2018年起加速资产出售，大幅缩减集团内部架构，到同年大连万达商管集团在短短一年时间里出售近百亿地产类资产，几乎实现了对房地产业务的全面剥离。越来越多的上市企业开始剥离非核心业务，重新回归主业。全球经济下行，加上我国经济发展进入新常态，使得企业正面临着前所未有的挑战和机遇。资产剥离是企业实现战略性重组，提升竞争优势，谋求转型发展的必经之路。

表1-2　**2010—2019年实施资产剥离的我国上市企业数量**

年份	2010	2011	2012	2013	2014	2015	2016	2017	2018	2019
企业数量：	266	293	381	389	366	468	562	565	595	663
非国有企业	110	112	168	170	181	238	330	340	371	452
国有企业	156	181	213	219	185	230	232	225	224	211

资料来源：作者根据国泰君安数据库信息整理所得。

① Markides于1995年提出了归核化的概念，即“过度多元化公司对业务进行收缩或集中，将其所涉及的行业主要集中在具有竞争优势的领域，是降低多元化程度、提高公司核心竞争力的行为”。

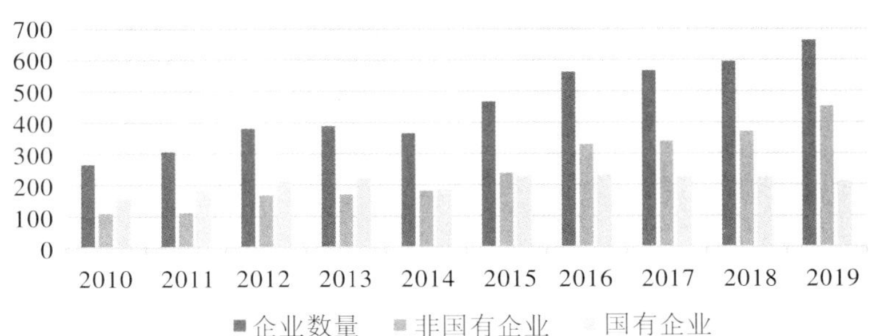

资料来源：作者根据国泰君安数据库信息整理所得。

图1-2 2010—2019年实施资产剥离的国内上市企业数量

（5）资产剥离研究仍存争议，该领域研究需进一步深入。

在越来越多的管理者抱怨剥离选择、公司重组的低效以及过度多样化的背景下，该领域迫切需要成熟的理论指导。虽然资产剥离是仅次于收购兼并的第二大重组方式，意义重大（Talley，2003）[58]，然而，剥离并未像并购一样，得到同等重视。这主要由于人们固有的一种认识，即“剥离和并购如同一个硬币的两面，很多解释并购的理论反过来同样能够用于解释资产剥离”，这导致了长期以来人们对资产剥离的错误解读与偏见。这种认识否认了资产剥离应作为独立的研究客体而存在，认为资产剥离仅仅是企业兼并、收购的镜像，而非企业有目的性的战略选择（Brauer，2006）[59]。同时，与并购所追求的规模效应不同，由于资产剥离是一种规模收缩、战略退出的行为，因此常常被视为企业经营失败的表现，从而抑制了该领域理论和实践的研究热忱。

此外，大多数有关公司重组的研究更侧重于发达国家，而在发展中国家代表的新兴经济体中，通过剥离进行的公司重组受到的关注则比较有限。尽管中国企业自20世纪90年代末以来一直积极参与收购和剥离业务，但我国对剥离理论的研究尚待完善。新兴经济体的制度环境将导致管理层行为和企业战略表现出不同于发达经济体的战略和行为模式，学者们运用在不同背景下发展起来的既定理论解释这种行为和策略时将面临挑战。具体表现为，在制度尚不完善的新兴经济体中，企业倾向于通过多元化创造内部市场，以填补制度空白。多元化企业集团或企业集团在新兴经济体中的持续主导地位表明，关于剥离动因和正面价值效应的“西方发达经济理论”可能并不同样适用于我国国情。比如，有效的资本市场假设，在新兴经济体中显然是不成立的。中国现有的资产剥离动因和经济后果的研究结论充满争议。比如，机会主义观认为资产剥离也可能是一种对剥离的规模和时点进行调节，真实的盈余管理短期行为（陈信元等，2003；刘星和安灵，2007）[2][3]。也有观点认为资产剥离是组织结构、业务结构、资产结构重组的手段，是服务于企业战略的（吴剑峰，2009）[4]。此外，通过实施归核化剥离我国上市企业绩效得到显著改善（唐清泉和李萍，2016）[1]，资产剥离通过缓解融资约束，促进了企业研发投资（李萍等，2019）[5]；也有研究表明资产剥离对公司业绩影响是有限的（Yan & Wu）[60]，市场给予上市公司资产剥离的整体反应是消极的（徐虹，2013）[6]。

综上所述，在中国企业转型发展的重要转折期，在经济体制改革的深入推进阶段，资产剥离是企业的机会主义行为或财务行为，还是战略行为？资产剥离的实施对企业价值究竟会产生怎样的影响？这种影响是否具有持久性？资产剥离发挥效应的内在机理是什么？资产剥离影响企业价值的异质性影响因素有哪些？这些问题都值得人们进行深入研究。

虽然已有文献对企业资产剥离的动因以及资产剥离的经济后果进行了较为深入的研究，但仍存有争议；虽然相关动因理论也能够在一定程度上解释资产剥离影响企业价值的内在机理，但尚不够深入；虽然也有文献认为资产剥离是一种战略选择，但结论的得出多基于一般规范性分析，实证性分析仍较为缺乏。本书认为，资产剥离可以通过基于财务维度与战略维度的多维机制对企业价值产生影响。然而，鲜有研究以递进视角考虑资产剥离发挥效应的多维作用机理，故未能实现机理研究的纵深与拓展，也鲜有研究以动态视角，就资产剥离发挥效应的长效机制展开分析。基于此，在我国企业重组日益频繁的背景下，本研究将加强对企业资产剥离重组行为的理论研究，深入剖析其动因、实施后成效、影响因素与作用机理。

1.1.2 研究意义

（1）理论意义。

本书研究资产剥离动因、资产剥离对企业价值的动态影响及其作用机理，其理论意义体现在以下方面：

第一，丰富了资产剥离动因及其经济后果的相关理论研究。本书选择2008—2017年我国A股上市公司的经验数据，实证检验了资产剥离对企业价值的短期和长期影响。考虑到资产剥离效应的发挥与企业内外部条件密切相关，本书还考察了资产剥离对企业价值的异质性影响。鉴于资产剥离动因和经济后果的争议性及其作用条件的多样性与不确定性，本书的研究能够丰富企业重组及其动因以及经济后果的理论研究，为后续资产剥离的研究奠定了良好的理论基础。

第二，深化了资产剥离动因以及作用机理研究。以往文献基于“效率论”“专业化论”“融资论”“信息论”等角度探讨了资产剥离的动因，并试图从资产剥离前后企业的专业化程度和市场对企业的估值变化、国内销售与跨境销售市场反应的差异等方面，来确定企业资产剥离的动因以及可能的作用机理。本书从财务和战略两个维度，提出资产剥离影响企业价值的多维多层机制。通过构建中介效应模型，检验了财务维度下融资约束和投资效率，战略维度下战略性资源投入，包括创新投入和人力资本投入，以及归核化（包括企业多元化程度和主营业务盈利能力）在资产剥离与企业价值正向关系中的中介作用。鉴于资产剥离对企业价值影响的持续性，本书还进行了多期中介效应检验，以明确资产剥离发挥效应的长效机制，实现了机理研究的纵深化与动态化，为后续相关研究提供了必要经验证据。特别是战略维度下的机理分析，从战略剥离的判定，到战略转型方式的确定这一研究设计，不仅为上市企业剥离动因分析提供了新思路，而且为我国资产剥离的纵深推进提供了理论支撑。以上结论为理解资产剥离内涵及其发挥效应的根源提供了更为多元、深入的途径。

第三，构建了“资产剥离—作用机理—经济后果”的一般理论与实证研究框架。运用“效率论”“专业化论”“信息论”“融资论”“掏空理论”“信号传递理论”“资源基础理论”“委托代理理论”“动态能力理论”“核心能力理论”“企业战略理论”等不同学科理论，分析并实证检验了资产剥离对企业价值的动态影响及其作用机理。进一步构建了“资产剥离—基于财务维度的长效机制—经济后果”和“资产剥离—基于战略维度的长效机制—经济后果”的一般理论与实证研究框架，实现了研究层次的多维化、研究内容的多元化、研究视角的动态化，为研究微观经济主体行为、作用机理以及经济后果搭起重要的桥梁。

（2）现实意义。

在国内需求增速放缓、供需矛盾不断凸显、大力推行供给侧结构性改革的背景下，探讨资产剥离的经济后果以及作用机理，具有十分重要的现实意义。

第一，本研究满足了资产剥离实践需要理论指导的需求，重点关注企业重多元化、轻专业化，重扩张、轻收缩等突出问题，以此推动企业管理层大胆剥离，实现转型。社会经济的发展是产业结构不断优化和升级的动态过程，在这一过程中，为适应外部环境的变化，保持自身的竞争优势，企业也需要不断调整其内部资源与能力的组合。资产剥离是调整企业所有权结构、业务组合结构以及资源优化配置的有效手段。研究表明资产剥离能够促进企业价值的提升，明确影响资产剥离与企业价值的内外部因素，有利于资产剥离更好地服务于企业战略。同时，揭示资产剥离影响企业价值的长效机制，能够使企业找到资产剥离发挥效应的关键动力源，从根本上强化、优化资产剥离的价值提升效应。本研究为我国上市公司治理层和管理层利用重组手段，优化公司治理、改善投资效率、提升企业价值提供了借鉴与参考。

第二，在企业微观层面为经济体制改革提供经验证据，为实现经济目标提供可行性依据。我国正大力推进“供给侧结构性改革”，“正处在转变发展方式、优化经济结构、转换增长动力的攻关期”，明确资产剥离的作用机理，特别是长效机制，有助于政府相关部门抓住主要矛盾，趋利避害，改善企业重组绩效。在继续推行的经济体制改革中更具前瞻性与灵活性，加快改革步伐，提升改革成效。

第三，有利于相关政府职能部门制定和修订相关政策制度，改进监管方式，以更好地保障资产剥离战略作用的发挥。我国上市企业进行资产剥离是一种战略转型行为，资产剥离的实施能够改善投资效率、促进人力资本投入，从而对企业价值产生提升作用。揭示资产剥离影响企业价值的长效机制，能够为政府部门完善上市企业信息披露制度、提高投资者保护以及加强投资知识教育的相关政策法规提供经验证据和理论支持，以提升资本市场信息传递能力和中小投资者信息甄别与分析能力。特别是在改善并购市场的制度环境、发展要约收购市场、健全完善金融市场制度、充分发挥金融市场降低融资成本、提高资源配置效率等方面，研究的结论具有重要的启示意义。进一步确保了被剥离资产在市场中被公允定价，使资金向最优质的投资项目流动，加速企业创新，使业绩佳、经营好的企业从资产剥离所带来的“专业化”与“效率”中受益。

第四，有利于社会公众正确认识资产剥离的动因及其与企业价值的关系，形成对企业战略性剥离的积极反馈，为企业可持续发展创造健康、良好的社会环境。持机会主义观的学者认为，资产剥离也可能是一种对剥离的规模和时点进行调节，真实的盈余管理短期行为；有的学者认为资产剥离是行政干预的结果，体现了更多的政治目的与意图；有学者认为资产剥离服务于企业战略，是企业组织结构、业务结构、资产结构重组的有效手段。本书针对资产剥离价值效应以及长效机制的研究，有助于资本市场了解企业资产剥离的动因，正确看待企业资产剥离行为，并从长期视角合理预期资产剥离的经济后果，形成对企业的公允估值。

1.2 核心概念界定

1.2.1 资产剥离

资产剥离的研究真正开始于20世纪80年代（Donaldson，1995）[61]，随着资产剥离交易数量和规模的增加，其在商业实践中的地位日益加重。在多元化企业内部资本市场信息优势被削弱，公司过度多样化导致重组低效的背景下，资本市场开始对多元化企业以及企业集团持高度批判态度。面对日益增多的负面证据，继20世纪80年代初的并购狂潮之后，越来越多的企业开始大量剥离先前所收购的业务，试图扭转不成功收购所带来的负面效应。

由于20世纪80年代的大部分剥离都涉及以前所收购的业务，从而导致对剥离的普遍误解，认为剥离只不过是企业并购重组的简单镜像。上述误解基于“一家企业的剥离必然会成为另一家企业的收购”的这样一种简单假设之上（Buchholtz et al.，1999）[62]，而这一假设忽视了剥离的多种形式（如分拆上市、股权分割、管理层收购等）。研究表明剥离与并购二者之间关系密切，剥离往往发生在企业并购业务之后。由于并购而产生的资产剥离在企业并购重组中一直占据着很高的比重，学术界普遍对多元化并购以及并购后的资产剥离持负面看法，认为高的资产剥离率恰恰是多元化战略失败的证据。剥离表明，管理层可能做出了效率低下、没能带来企业价值提升的并购决策，因此剥离被认为是对企业过度扩张、过度多元化的一种纠错（Hayward & Shimizu，2006）[63]。然而，Karim & Carpon[64]（2016）强调了资产剥离的积极面，指出并购、资源重配、资产剥离是企业通过对其内外部资源重新组合以改变其业务组合的动态过程。资源重配和资产剥离的模式表明，并购是对企业内部资源结构重新调整的手段，而资产剥离是该过程的逻辑结果。

狭义来讲，资产剥离仅指资产出售的资产剥离，即企业通过向第三方出售其资产、产品线、业务部门、子公司等，以期获得包括现金、股票以及现金股票混合形式回报的一种商业行为。广义而言，资产剥离不限于资产出售一种形式，还包括企业分立、股权分割和杠杆收购等其他剥离形式（Buckley，1991）[65]。企业分立是母公司把其在子公司所拥有的股份按比例分配给母公司的股东，形成与母公司股东相同的新公司，从而在法律上和组织上将子公司从母公司中分立出来。分立之后，原来母公司分立为两个或两个以上的企业。股权分割，又称分拆上市，是企业通过首次公开发行的方式将被剥离单位的部分股票出售给投资者的剥离方式。不仅母公司的股东可以认购这些股权，母公司以外的股东同样可以认购，是从法律意义上将子公司的经营从母公司的经营中分离出去的行为。股权分割相当于母公司所拥有的全资子公司普通股首次公开发售（IPO），也被称为“子股换母股的IPOs”。由于子、母公司都可以从子公司的股权IPO中获得现金，因此子公司股权的IPO与母公司股权的二次发售极为相似。杠杆收购作为企业诸多金融手段之一，又被称作融资并购、举债经营收购，通常是指公司或个人将目标公司的资产作为债务进行抵押，进而将其收购的策略。在杠杆收购中，包括子公司在内的公司股票或资产被投资者收购，投资者通常包括现任管理层。

由此可知，“剥离是并购交易的镜像”这一认识仅适用于资产出售的剥离方式。此时，一家企业的剥离才是另一家企业的收购。然而，与并购相比，剥离在交易动机、交易自主权以及管理层认知方面仍有本质区别。一般而言，资产剥离是公司管理层深思熟虑的结果，如果不是面临非常严重的财务困境，剥离企业对交易过程具有完全的决定权。剥离企业会主动寻求感兴趣的买家，并自主决定交易的资产和支付方式。资产剥离也往往不那么公开，其市场流动性也不如收购。因此与收购相比，资产剥离是更加协同和善意的交易（Datta et al.，1992；Laamanen et al.，2014）[66][67]。与收购相比，剥离的市场披露规定更少。此外，在管理者认知、潜在动机和必要的风险容忍度等方面，资产剥离决策也有着本质的不同（Duhaime & Schwenk，1985）[68]。企业分立中，母公司股东会自动成为新独立出来的实体的股东，因而交易并不涉及外部买家。相比之下，外部买家则是并购交易的必要组成。同样，股权分割是企业通过首次公开发行的方式将被剥离单位的部分股票出售给投资者，也不是并购交易的简单反映。同时，剥离也不能被简单地视为反向收购，反向收购是非上市企业通过吸收合并、股权置换、要约收购等不同方法，收购一家上市公司（壳公司），获得该上市公司的控制权，原股东也从非上市公司股东变成上市公司大股东，实现其间接上市的目的。这时反向收购企业资本结构、股权结构、管理层、股价、公司治理结构都会发生变化。当一家非上市公司收购没有实际业务和资产的“空壳”上市公司时，反向收购就会发生。非上市公司然后“反向收购”已经上市的公司，从而成为一个全新的经营实体，之后通常会改变名称以反映新合并公司的业务。因此，当剥离被简单地视为并购的逆向操作时，人们对资产剥离交易的范围和性质，即不同的剥离模式并未给予充分的认识。

此外，根据剥离的动因不同，资产剥离决策还可分为被动性剥离、战术性剥离和战略性剥离三类（Montgomery & Thomas，1988）[69]。被动性剥离是指企业由于面临严重的财务危机或迫于生存压力，以出售资产、产品线、业务部门或子公司来获取现金的行为。在这种情形下，被剥离的资产很有可能是企业的优质资产。战术性剥离是以改善企业短期绩效为目的而实施的剥离，是指企业将发展潜力较差、盈利不佳或者闲置的资产剥离出去，实现对剩余资产更为有效的利用，从而达到改善短期绩效的目的。被动性剥离与战术性剥离往往伴随着资产规模的减少。战略性剥离是以可持续发展为目标的，其既是企业实现核心业务发展或重新定位的可行性手段，又是谋求转型、创建新型业务的先决条件（Dranikoff et al.，2002）[57]。一般而言，战略性剥离并不会带来资产规模的减少。

我国企业进行的资产剥离，既可以是为了满足上市条件而进行的资产剥离，也可以是企业上市以后所进行的资产剥离。本书仅对企业上市以后的资产剥离事件进行研究，主要包括上市公司及其子公司、控股公司出售自有有形资产、无形资产、股权和债权的行为。为了改组上市而进行的资产剥离、资产置换、分立和分拆上市的行为不属于本书的研究范畴。

1.2.2 融资约束

MM理论认为当市场是完全的，企业获得资本的途径无论从企业内部还是外部，二者之间是不存在任何差别的。事实上，如果市场是完全的，企业能够获得最优的融资规模，融资决策与投资决策是相互独立的。然而，现实中并不存在完全的市场，信息不对称和企业内部代理问题都是市场不完全的产物，进而导致了融资约束的产生（Myers & Majluf，1984；Fazzari et al.，1988）[70][71]。

由于资金供需双方之间存在信息不对称，外部资本提供者对企业行为缺乏控制，而且对企业所筹资本用途知之甚少。考虑到可能发生的逆向选择与道德风险的问题，外部投资者需要耗费大量的时间与精力对企业进行事前调查与事中监督。由此，资金提供者会降低风险证券的购买价格或要求企业为其投入的资金支付溢价，从而导致企业外部融资成本增加，外部融资成本高于内部融资成本。能够获得资本是企业投资的前提，当企业无法顺利从外部获得所需资金时，会产生融资约束，投资规模随之降低。

Fazzari et al.（1988）[71] 首次提出融资约束的概念，指出当资本市场不够完善时，由于存在信息不对称，企业外部融资成本高于内部融资成本，企业从外部融得资金的便利性受到影响，使得投资过度依赖于企业内部资金，从而产生融资约束。鉴于有关成果，作者认为融资约束是指资金供求双方之间的信息不对称以及企业内部可能存在的代理问题，使得外部投资者预期投资风险上升，投资意愿降低，导致公司股权和债权融资成本上升，企业外部融资渠道受阻，无法从资本市场获得投资所需的全部资金。

1.2.3 核心能力

企业核心竞争力，即企业核心能力（Core Competence）。核心能力理论的研究开始于20世纪90年代，1990年美国学者普莱哈莱德和英国学者哈默（Prahalad & Hamel）在《哈佛商业评论》上发表的《企业的核心能力》（The Core Competence of Corporation）一文中正式提出“核心能力”的概念。

在文章中，Prahalad & Hamel（1990）[72] 指出，“决定企业竞争能力的不仅仅是企业内部所拥有的资源，还有组织的积累性知识和各种技能与技术的有机结合”。企业核心能力就是在企业长期组织学习中积累的知识与技术，企业本质上是一个学习型组织，这个学习型组织能获取、共享和利用知识与技术。决定企业发现市场机会、配置生产资源的能力，是企业拥有的长期积累的生产技术与管理知识，技术和知识决定了企业内部各种资源能够有效配置及发挥的效力。

根据核心能力理论，企业是各种能力的有机结合，企业间能力的差异决定了其可持续发展能力，广义上讲，这种能力不仅包括企业拥有或控制的有形资源，还包括优化资源配置的能力、研发能力及管理能力等无形资源。有形资源与无形资源共同决定着企业的市场竞争力。当企业的某些能力使企业获得竞争优势时，这些能力就构成了企业的竞争能力。

Barney（1995）[73] 认为，企业的核心能力具有稀缺性、不可复制性等特征，企业的核心能力能够提升企业的市场竞争力并为企业创造价值。不仅如此，核心能力在外部还表现为企业在供应链、价值链上对上下游企业的影响能力及竞争优势。因此，企业的核心能力具有基础性、功能性、根本性和长期性等特征，是企业可持续发展并获得超额利润的重要保障。

1.2.4 归核化

Markides（1995）[74] 认为归核化是过度多元化企业重新回到最佳多元化的过程，Comment & Jarrell（1995）[75] 将归核化定义为多元化水平的降低，付彦等（2015）[7] 认为归核化战略包括三个方面：①量的减少，企业多元化水平的降低，从过度多元化到适度多元化的回归；②质的改变，包括向核心业务回归，以及对核心业务的重新构建；③实现途径，一般通过资产剥离和收缩性重组实现战略目标。

借鉴上述学者的研究成果，本书认为资产剥离是实现企业归核化战略的有效途径。从量的角度来看，归核化战略的实施将带来企业多元化水平的降低，实现过度多元化到适度多元化的转变。从质的角度来看，资产剥离有利于企业保持并增强企业的核心业务，在对资源释放与重新配置的同时达到整合支持企业核心业务发展的各种要素的目的，或将可能形成核心竞争力的各种技术、技能或专长整合成核心竞争力。由于企业竞争优势最终是在商品与服务市场（主营业务的盈利能力）上，因此本书中作者采用多元化程度的降低和主营业务盈利能力的增强，即从量和质两个方面来衡量企业归核化战略的实施效果。

1.3 研究目标和研究内容

1.3.1 研究目标

本书研究的总体目标在于探析资产剥离动因、成效及其作用机理，为企业更好地规划和实施剥离战略提供理论依据和经验证据。本书的具体目标在于：

（1）探究资产剥离对企业价值的短期及长期影响。

（2）从财务维度探究资产剥离推动价值创造的基于融资层面和投资层面的作用机制，检验融资约束和投资效率的多期中介作用。

（3）从战略维度探究资产剥离推动价值创造的基于战略转型层面的作用机制，检验战略性资源投入和归核化的多期中介作用。

1.3.2 研究内容与章节安排

（1）研究内容。

本书的研究内容如图1-3所示。

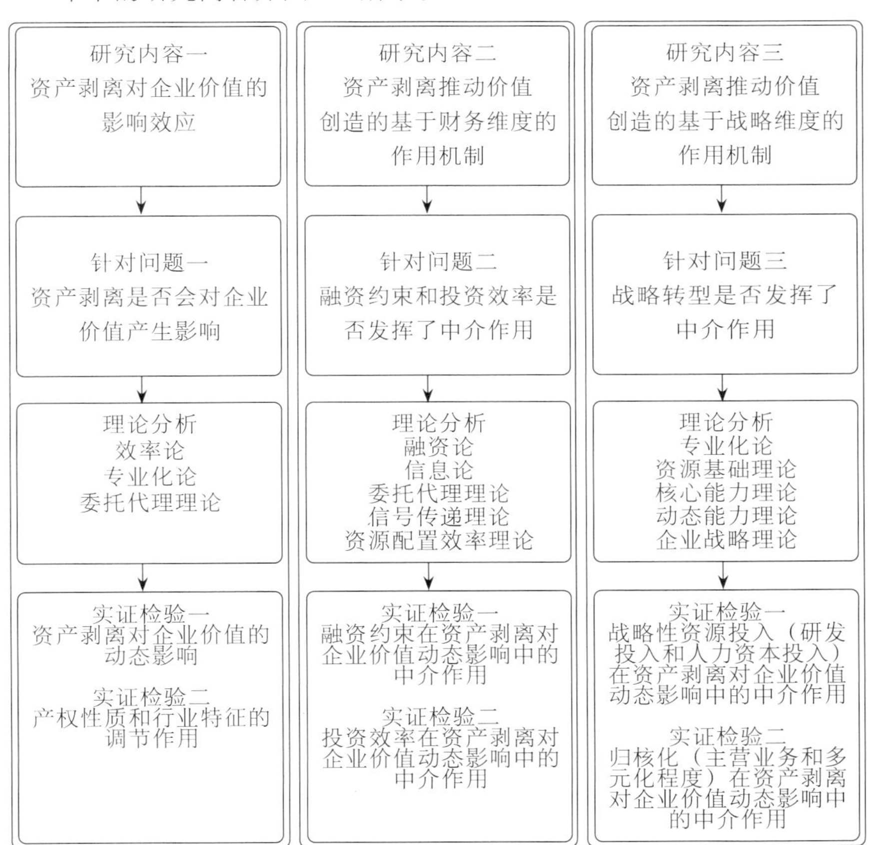

资料来源：本图由作者根据资料采用Visio绘制。

图1-3 研究内容示意图

本书的研究内容主要包括三个方面：首先，以“效率论”“专业化论”“交易成本理论”“委托代理理论”等为基础，分析资产剥离对企业价值的短期和长期影响，旨在解答资产剥离是否能有效并持续促进企业价值的提升。接着，考察资产剥离对企业价值的异质性影响，检验产权性质和行业特征的调节作用。其次，运用“融资论”“信息论”“委托代理理论”“信号传递理论”“资源配置效率理论”等考察资产剥离影响企业价值的基于财务维度的长效机制，实证检验融资约束和投资效率的中介作用。最后，运用“专业化论”“资源基础理论”“核心能力理论”“动态能力理论”“企业战略理论”等考察资产剥离影响企业价值的基于战略维度的长效机制，实证检验战略性资源投入（研发投入和人力资本投入）、归核化（包括企业多元化程度和主营业务盈利能力）的中介作用。

（2）章节安排。

本书分8章阐释具体内容：

第1章“绪论”。本章主要介绍本书的选题背景和研究的理论及其现实意义，阐释核心概念界定、研究目标、研究内容、研究方法和创新之处等内容。

第2章“文献综述”。本章从三个方面展开综述：一是资产剥离的动因；二是资产剥离决策的影响因素；三是资产剥离的经济后果。对于资产剥离动因的研究主要从“专业化论”“效率论”“融资论”“信息论”等具有代表性的理论进行综述。对于资产剥离决策的影响因素研究，主要从产业层面和企业层面综述相关因素对企业资产剥离决策的影响。对于资产剥离经济后果的研究，主要综述了资产剥离对融资约束、资源配置、公司治理、多元化折价等方面的影响。

第3章“资产剥离对企业价值的影响”。本章以我国沪深A股上市公司为研究样本，基于“专业化论”“效率理论”“交易成本理论”“委托代理理论”，检验了资产剥离对企业价值的动态影响以及产权性质和行业特征的调节效应。实证结果发现，资产剥离能够促进企业价值的提升，并且该价值提升效应具有持续性。具体表现为：资产剥离实施的当年、剥离实施后的第一年以及第二年，企业价值均得到显著提升。此外，资产剥离对非国有上市企业的价值提升效应更为明显；相较于劳动密集型企业，资产剥离对资本密集型企业和技术密集型企业的价值提升效应更为明显。

第4章“资产剥离、融资约束与企业价值”。在第3章研究基础上，本章从财务维度，以“融资论”“信息论”“信号传递理论”“掏空理论”等为基础，考察了资产剥离推动价值创造的作用机制，检验了融资约束的中介效应。研究发现，虽然资产剥离的实施因其“信号传递效应”和“掏空效应”，加剧了企业所面临的融资约束。然而，由于融资约束加剧下的资源配置正效应大于资源约束的负效应，最终对企业价值产生正效应，因此融资约束在资产剥离对企业价值的正向影响中发挥了中介作用，且该中介作用在资产剥离对企业价值的长期影响中依然存在。

第5章“资产剥离、投资效率与企业价值”。结合第4章的研究，本章从财务维度，以“委托代理理论”和“资源配置效率理论”为基础，考察了资产剥离推动价值创造的作用机制，检验了投资效率的中介效应。研究发现，投资效率在资产剥离对企业价值的正向影响中发挥了中介作用，并且该中介作用在资产剥离对前推一期企业价值的影响中依然存在。然而，在资产剥离对前推两期企业价值的影响中，投资效率的中介作用并不存在。进一步分析发现，资产剥离主要通过抑制过度投资进而促进企业价值的提升。

第6章“资产剥离、战略转型与企业价值”。本章借助“核心能力理论”“资源基础理论”“动态能力理论”“企业战略理论”等，从战略维度考察资产剥离推动价值创造的基于剥离动因层面的作用机制，检验了战略转型的中介作用。以战略性资源投入，包括研发投入和人力资本投入，作为企业战略转型的测度标准，实证检验了二者的中介效应。结果表明：从剥离动因来看，资产剥离是一种战略转型行为；从影响机制来看，资产剥离通过促进战略性资源投入，即人力资本投入进而对企业价值产生影响。人力资本投入是资产剥离作用于企业价值的长效机制。无论是在资产剥离对企业价值的短期还是长期影响中，人力资本投入均发挥了中介作用，但并不存在以研发投入作为中介变量的中介效应。由此可知，企业剥离以实现战略转型，且在转型过程中，存在人力资本投入偏好，从而对研发投入产生挤出效应。

第7章“资产剥离、归核化与企业价值”。基于第6章的研究，本章从战略维度，基于“专业化论”和“企业战略理论”，进一步考察了资产剥离推动价值创造的基于战略转型层面的作用机制，检验了归核化的中介作用。以多元化程度和主营业务盈利能力作为企业归核化转型的测度标准，实证检验了二者的中介效应。结果表明：从战略转型的方式来看，资产剥离主要体现了我国上市企业非归核化战略转型。具体表现在资产剥离对企业价值的短期及长期影响中，多元化程度和主营业务盈利能力均未发挥中介作用，表明企业通过资产剥离以实现在新领域转变的非归核化转型。

第8章“研究结论与展望”。本章对前述研究工作进行总结，提出相关政策建议，并指出本书存在的局限，提出未来研究的方向。

1.4 研究思路与方法

1.4.1 研究思路

本书的研究思路及研究方法如图1-4所示，主要遵照“提出问题——理论分析——实证分析——研究总结”的逻辑思路展开。

1.4.2 研究方法

（1）文献研究法。搜集了战略管理、企业重组、资产剥离相关文献，对资产剥离动因、资产剥离决策影响因素、资产剥离经济后果以及影响资产剥离与企业绩效因素等方面的研究进行了梳理与归纳。在对已有文献进行了系统性分析的基础上，考虑到现有研究的成果与不足，同时结合资产剥离在我国产业转型升级乃至经济体制改革中的重要性，提出了本书的研究目标。基于对文献的研究，确定了本书研究的逻辑思路、理论基础、研究内容以及具体的理论假设、变量选取、模型构建及检验方法。

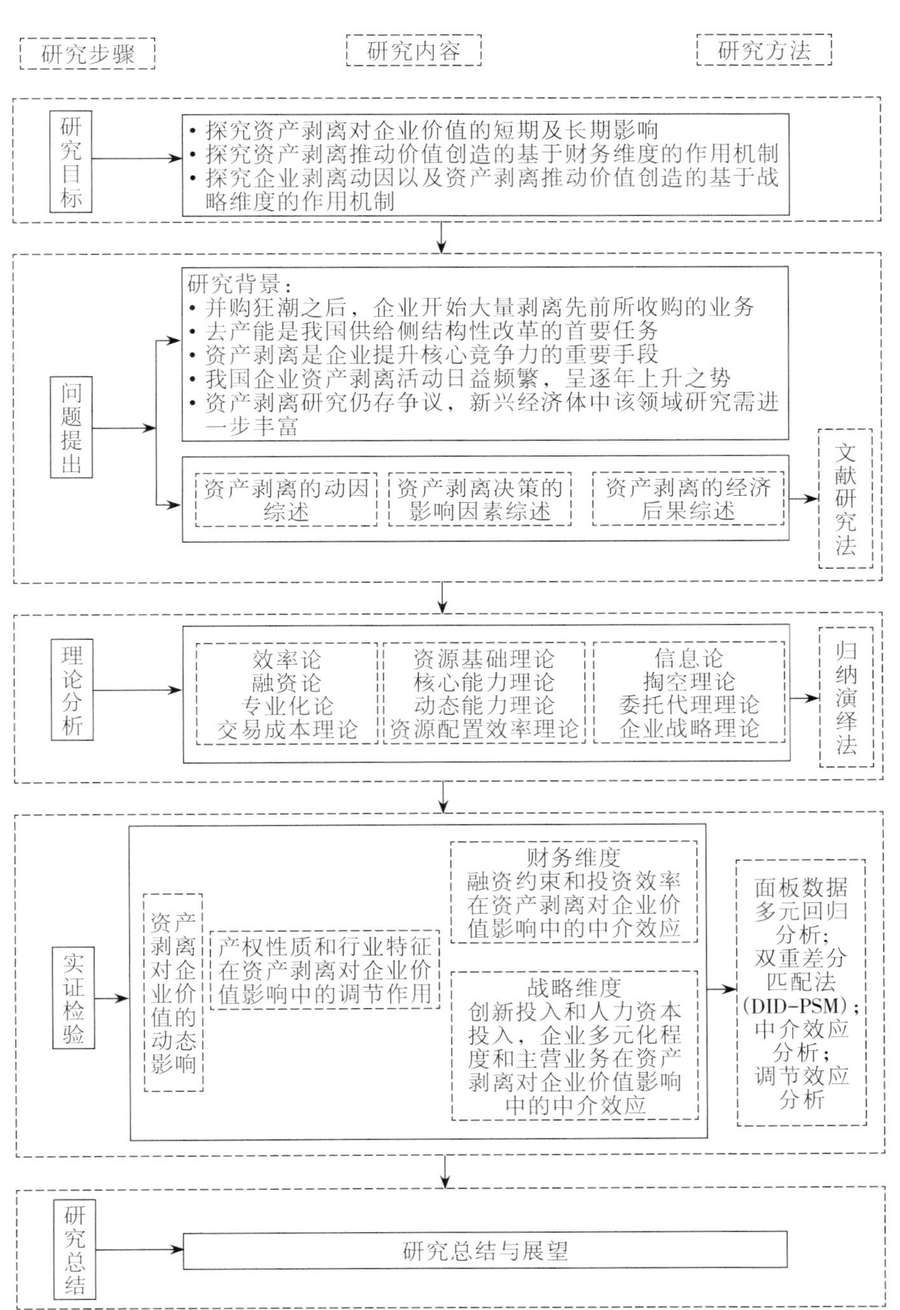

资料来源：作者根据资料采用Visio绘制。

图1-4　研究思路示意图

（2）归纳演绎法。本书对我国上市公司资产剥离动因以及资产剥离经济后果等基本理论进行了归纳总结，从企业异质性为切入点，采用多维一体的方式展开理论分析以及以问题为导向的一系列的研究假设。

（3）面板数据回归分析。本书中作者采用面板数据多元回归方法实证检验了资产剥离对企业财务绩效的影响，采用中介效应模型对资产剥离影响企业财务绩效的内在机制进行了检验，得出相关结论。最后运用改变关键变量的测度方法、自变量滞后一期等方法对实证结果进行了稳健性检验，以确保研究结论的可靠性。

（4）双重差分匹配法（DID-PSM）。考虑到可能存在样本自选择导致的内生性问题对研究结论产生的影响，本研究采用双重差分匹配模型检验资产剥离对企业价值的提升效应。首先，采用PSM方法重新匹配好的“新样本”可消除企业异质性带来的样本选择偏差。然后，再通过DID方法消除由于遗漏变量带来的内生性问题，以确保研究过程的稳健性。

1.5 研究创新点

本书的创新之处主要体现在下面几个方面：

从研究思路来看，整个研究设计体现了从动因、作用机制到经济后果，从财务到战略的逐层深入与有机统一。鉴于财务和战略相互支撑，从而对企业价值产生系统性影响，由此提出资产剥离推动价值创造的基于财务维度与战略维度的双维机制。同时，基于多层面对各维度进行构建，体现了不同维度之间、同一维度不同层面之间的递进关系。在财务维度机制分析方面，实现从融资层面到投资层面的递进；在战略维度机制分析方面，实现了从战略动因的判定到战略转型方式确定的递进，从而打开了资产剥离作用机制的黑箱，有助于全面了解企业资产剥离行为以及资产剥离作用于企业价值的多维多层路径，为后续研究提供了更为完整的理论分析框架。

从研究视角来看，本书以长期视角为导向，以实施资产剥离的我国上市企业为研究对象，在考察资产剥离对企业价值动态影响的基础上，进行了动态中介效应检验，将资产剥离的静态研究拓展到动态研究。揭示了随着时间推移，不同维度、同一维度不同层面的中介效应的持续性。本研究有助于从可持续视角理解资产剥离发挥效应的内在机理，为此方面研究在横向与纵向的内在统一提供了更为深入、更加丰富的经验证据。

从研究内容来看，本书不仅考察了资产剥离对企业价值的影响，还采用中介效应分析和调节效应分析等手段，对资产剥离发挥效应的多维多层机制和影响因素展开深入分析。财务维度下，考察了融资约束和投资效率；战略维度下，考察了战略性资源投入（研发投入和人力资本投入）和归核化（包括企业多元化程度和主营业务盈利能力）的中介作用。特别的是，本书从战略性资源构成视角分析，在战略转型的过程中，剥离企业如何选择战略性资源以最大限度地实现自身价值的持续提升。为揭示资产剥离发挥效应的内在机理提供了基于融资和投资视角、剥离动因视角和战略转型视角的解释。

第2章　文献综述

2.1　资产剥离的动因

资产剥离既可以是企业应对过度扩张、过度多元化以及业绩不佳所做出的一种战略选择（Alexander et al.，1984；Hayward & Shimizu，2006）[76][63]，又可能是企业对业务组合优化的一种价值创造行为（John & Ofek，1995；Vidal & Mitchell，2015）[77][78]，也可能为了获得廉价融资（Lang et al.，1995）[79]、提高生产率（Maksimovic & Phillips，2001；Jain et al.，2011）[80][81]，也可能存在盈余管理、机会主义重组等动机（Poitras et al.，2002；陈信元等，2003；刘星和安灵，2007）[82][2][3]。总体而言，资产剥离的动因可以概括为“专业化论”“效率论”“融资论”“信息论”等。

2.1.1　专业化论

Kaplan & Weisbach（1992）[83]认为提高核心业务的专业化程度是

企业资产剥离的重要动机。专业化观点与并购中的多元化分散风险、开拓新的市场、寻求新的业务增长点刚好相反。该观点认为剥离与主营业务不相关的资产会增强企业专业化程度和核心业务的经营效率、降低多元化成本、获得竞争力的提升（Mulherin & Boone，2000；Dittmar & Shivdasani，2003）[84][85]。一方面，资产剥离通常是将与企业核心业务无关的部分分离出来，而该部分可能存在较低的管理效率；另一方面，被出售的资产和企业的核心业务之间已无法再产生协同效应，意味着通过资产剥离，消除被剥离资产与剩余资产之间的负协同效应应该会带来企业剩余资产业绩的提升。John & Ofek（1995）[77]指出与资产剥离的其他动机相比，“专业化”动机占主导地位。在他们的研究中，实施资产剥离的企业，其专业化程度在剥离当年显著提升，被剥离的资产大多与企业主营业务无关。剥离后，企业剩余资产的盈利能力大幅提高，并且企业业绩增长与专业化程度密切相关。

因此，专业化观点是基于业务调整的角度，认为将与企业核心业务无关的资产剥离出去，可以提升企业专业化程度、减少资产组合冗余、简化组织流程，使核心业务高效运营，最终企业经营绩效得到改善从而赢得正面的市场反应（Capron et al.，2001）[86]。

2.1.2 效率论

Hite et al.（1987）[87]认为在有效资本市场中，管理层寻求价值最大化。剥离使资产有机会得到更好的配置，从而与收购该资产的企业实现最优匹配。效率论与协同效应相关联。“协同效应”认为目标资产的潜能只有在收购企业中才能得到激发与更好的利用，意味着与剥离企业相比，资产在收购企业中能产生更好的协同效应。对卖方而言，其收益来自对负协同效应资产的处置或代理问题的纠正；对买方而言，其收益来自所购资产对经营业务的补充以及对资产更为有效的利用。因此，从收购企业的角度而言，资产剥离相当于部分收购。因此在交易动机方面，二者有很多相通之处，收购的动机同样适用于资产剥离。

进一步，Maksimovic & Phillips（2001）[80]试图从组织差异层面通过市场供需这一内在机理探究企业资产剥离的动因，认为企业内部组织以及效率差异是资产剥离的主要动因之一。Maksimovic & Phillips (2001)[80] 的模型表明，在具有相对优势的行业中，企业可以从正向的需求冲击中获得客观的效率收益，从而鼓励企业专注于其优势产业。产品需求的激增不仅会导致价格上涨，也会使市场提高该产品的生产设备定价。在此情形下，在资产运营上不具效率优势的企业则倾向于把其出售给效率较高的企业以获取销售溢价，而非自行组织生产。通过剥离，资产实现了从效率较低的企业向效率较高的企业的转移。Mulherin & Boone（2000）[84] 指出收购和剥离等企业重组事件可以由协同理论得到解释，与管理层巩固地位、商业帝国建设和傲慢的非协同模型并不一致。

Helfat & Eisenhardt（2004）[88] 将时间因素纳入研究，考虑了跨期范围经济因素对产品市场均衡的影响。他们将跨期范围经济定义为效率，这种效率源于企业在不同时期将其所剥离的业务释放的资源向新业务转移。随着时间的推移，跨期经济推动了某些业务在市场的退出以及进入，加速了资产的重新配置。在具有相对优势的行业中，企业可以从正向的需求冲击效应中获得显著的效率收益，从而鼓励企业专注于优势行业。由此，资产实现了从效率较低的企业向效率较高的企业的转移。与 Maksimovic & Phillips（2002）[89] 提出的新古典企业组织模型基本一致，Jain et al.（2011）[81] 探讨了企业纵向剥离决策的影响因素，发现纵向剥离发生的可能性随着子公司所在产业的正向需求冲击以及母公司（与子公司）相对生产率的降低而增加。此外，基于母公司、母公司和子公司的竞争对手、供应商、客户的剥离公告期财富效应以及经营绩效变化的分析，为垂直剥离追求“效率”的有效动机提供了确凿的证据。类似的，Nguyen（2016）[90] 通过分析资产剥离公告前1年和前2年的剥离企业的股票超常收益，揭示了企业资产剥离追逐“效率”的动机。

2.1.3 融资论

通过梳理企业管理层对资产剥离动因的陈述，Hite et al.（1987）[87] 指出，缓解融资约束是企业资产剥离的又一重要动因。企业会选择出售资产的方式为现有业务扩张融通资本或降低企业负债水平。Lang et al.（1995）[79] 的研究表明，业绩不佳的公司和杠杆水平较高的公司在剥离市场中最为活跃。Denis & Shome（2005）[91] 指出，企业常常通过出售资产来缩小其规模，这一决策与较低的业绩水平和较高的负债水平相关。

Shleifer & Vishny（1994）[92] 认为企业对资产的出售取决于资本市场的低效率。出售资产所得就成为陷入财务困境的企业流动资产的来源之一，企业可以通过处置资产来缓解融资约束，这种改善资本实力的动机与企业所处外部经济环境密切相关，特别是在金融危机时期。Campello et al.（2009）[93] 的研究表明，具备融资约束的企业中，70%的企业在金融危机期间增加了对资产的出售力度。相较之下，非融资约束企业中，仅有37%的企业实施了资产剥离。资产出售代表着企业的融资和重组行为，其范围从国内市场逐步扩大到国外市场（Officer, 2007；Borisova et al.，2013）[94][95]。Officer（2007）[96] 指出通过收购资产获得协同收益的预期以及扩张国外市场的渴望，为国外企业积极竞价提供了动力。此外，诸如汇率、跨国市场流动性优势等赋予了国外收购者强大的购买力，大大提升了资产交易成功的可能。Borisova et al.（2013）[95] 的研究同样表明，资本市场把跨国资产销售视为有价值的资金来源，特别是对寻求流动性的卖方企业而言，跨境资产销售在缓解企业融资约束方面发挥了非常重要的作用。在流动性相对较低的本地市场，债务和股权融资成本不断上升，可能会促使企业积极寻求筹集资金的替代方式并充分发掘利用国际资本。尽管经济全球化的步伐不断加快，但是国内市场与国际市场并非完全同步，存在跨国的流动性差异，使得跨国资本的供应成为可能且更具价值。因此，当经济衰退时，跨国资产销售便成为剥离公司逆周期的资本来源，是流动性受限企业寻求资本以提升财务灵活性、缓解融资约束的重要途径。同时，资产出售是企业走向新投资机会的“有机”方式（Hovakimian & Titman，2006）[96]。资产出售可能预示着一个获利丰厚项目的终结，将先前的投资收益用于财务资源和人力资源所需的新的投资机会。虽然有形资产销售带来的现金流入非常有限，但能够对面临融资约束的企业进行关键性无形资产投资起到重要的支持作用（Borisova & Brown，2013）[97]。

另外，资产剥离是公司证券融资的替代方式。Asquith & Mullins

(1986)[98]的研究表明，股票市场对公司新股发行公告通常的反应都不积极。选择资产剥离的方式进行融资，避免了因新股发行给企业带来的负面影响。当管理层私有信息认为企业股票价格被高估时，出于机会主义动机，企业会发行新股（市场择机）。然而，当企业宣布新股发行时，理性的投资者会降低对企业的估值。资产出售可以有效避免企业因新股发行所造成的负面效应。无须发行证券，子公司或业务条线的出售所得就可以为母公司的运营提供资金支持，用于偿还债务以及权益的分配（Bates，2005）[99]。与收购兼并不同，资产剥离的经济性还体现在对资产的出售是由出售公司发起的，出售公司在交易后仍然是一个独立的实体。因此，股东较少会对资产出售进行审查，管理层通常也不需要获得股东和监管机构的批准（Hege et al.，2009）[100]。

2.1.4 信息论

“信息论”是从市场对企业估值的角度来解释剥离问题的，这一理论也被称为“低估值论”。信息论认为资产剥离的原因是企业的价值被低估。如果企业涉足的业务过多，资本市场则无法对企业进行准确估值。将资产或业务部分进行剥离，可以突出企业的主营业务，降低信息不对称，进而提升市场对企业的估值（Cusatis et al.，1993；Nand & Narayanan，1999；Krishnaswami & Subramaniam，1999）[101]—[103]。

Bradley et al.[104]于1983年提出了“协同效应理论”和“信息理论”来解释企业间的资产交易。信息理论认为，资产剥离的原因在于被剥离资产的价值在资本市场中被低估了。因为投资者不能全面了解目标资产的未来现金流情况，企业向投资者传达了目标资产的错误定价信息。Hite et al.（1987）[87]认为协同效应理论和信息理论代表了资产剥离两种截然不同的动因。基于协同效应动机（效率动机）下的资产交易，初始投标失败意味着本能够产生协同效应的机会的丧失，资产剥离公告为卖方企业带来的财富效应也会随之消散，除非后续有其他竞标者加入。而“信息假说”动机下的资产交易，卖方财富效应则不受影响。即使资产所有权并未实现从招标企业到竞标企业的转移，目标资产的价值也可以通过外部市场的投标来重新获得定价，低估值可以得到纠正。因此，信息假说动机下，所有权是否转移并不是维持资产最初估值的必要条件。

通过对企业分立进行研究（资产剥离的方式之一），Cusatis（1993）[101]认为实施该种方式的剥离有利于企业价值的提升。分立使得投标人能够更好地评价分开的实体企业，从而减轻信息不对称下出现的逆向选择问题。Nanda & Narayanan（1999）[102]进一步对信息论进行了拓展，认为市场可以观察到公司的总现金流，但不能观察到个别部门的现金流，这会导致人们对公司证券的错误估值。当企业需要外部资本来为增长机会融资时，价值被低估的企业将率先进行剥离，在获得市场对其股票的公允估值后，再采用发行股票的方式筹集资本。相比之下，被高估的企业则会直接发行股票融资。通过对控制组企业与对照组企业（行业以及规模相匹配）进行比较，Krishnaswami & Subramaniam（1999）[103]指出，采用分立这一剥离方式的企业具有更高的信息不对称水平，分立后企业的信息不对称问题得到了显著缓解。通过分立，市场对企业定价有了明显提升。具有较高增长机会和需要外部资本的企业更倾向于采用企业分立的剥离方式，并且在分立后筹集了更多资金，这与企业在进入资本市场寻求资金前首先要减轻信息不对称的观点是相一致的。

此外，以市场媒介为切入点，Gilson et al.（2001）[105]分析了资产剥离与证券分析师预测功能的互动关系，研究揭示了资本市场中企业边界与信息媒介的相互作用过程。研究发现，企业集团的分拆上市伴随着分析师覆盖范围的扩大以及分析质量的提高，资本市场对此会给予正面反馈。分拆后，分析师对母公司和子公司的预测准确度大幅提高。分拆带来的公司专业化程度的提升可以促进具有行业专长的金融分析师发挥改善资本市场信息媒介的功能。区别于前述大多仅关注企业分立的研究，Prezas & Simonyan（2015）[106]同时把资产出售和分立两种不同剥离方式纳入研究范畴，分析了剥离前市场估值对企业剥离方式选择的影响。结果表明，剥离前，当价值被低估、市场投资者持乐观态度时，企业倾向于采取分立的剥离方式。而在投资者持悲观态度时，企业更愿意选择出售资产。

2.1.5 纠错论与组成论

市场对资产剥离的不同反应表明资产剥离既可能是企业并购后整合的一个组成部分（Weston，2005；Barkema & Schijven，2008）[107][108]，也可能是企业对先前失败的并购战略的纠正（Porter，1987）[109]。

对并购战略的纠正。在解释资产剥离活动时，一个常用的理论视角是“委托代理理论”（Wright & Ferris，1997；Haynes et al.，2003）[110][111]。剥离表明，管理层可能做出了效率低下、没能带来价值提升的战略决策，因此剥离被认为是对公司治理不足引起的问题的一种补救，也是对前期战略错误的一种回应（Bergh，1995；Brauer，2006）[112][59]。如果没有有效的监控机制，管理层将倾向于选择低效的降低风险的多样化策略，以牺牲股东财富为代价来获取个人收益。如果不归因于管理层意图，资产剥离也可以被视为对企业所面临经济形势的不正确分析导致的战略错误的纠正。

企业高管都有“构建帝国”的冲动（Stulz，1990）[113]，作为一种收缩性战略，业绩较好的企业一般对资产剥离行为都持保守态度（Anjos，2010）[114]。只有当盲目扩张导致企业多元化程度过高、效率低下、绩效不佳时，企业才不得不对资产进行剥离。一般而言，随着企业的良性发展和资源的不断扩充，管理层都有跨足全新业务领域的战略布局，以赢得更大的市场份额、实现规模效益。而在企业实际运营过程中，由于其最优业务组合水平难以量化，管理层只能基于战略实施反馈结果进行动态调整，尽可能向最优点靠拢（Berger & Ofek，1995）[115]。

并购战略的组成。长久以来，发生于并购后的资产剥离在企业并购重组活动中一直占据着非常大的比重，35%~45%的收购被随后剥离（Weston，1989）[116]。随后的研究证实，剥离通常发生在收购之后（Ravenscraft & Scherer，2011）[117]，收购和剥离是彼此的原因和后果（Ma & Wang，2017）[118]。

基于此，很多学者认为高的资产剥离率恰恰是并购失败的证据，资产剥离是对企业战略失误的修正。然而，也有学者认为业绩恶化并不是高资产剥离率的唯一解释。诸如法律制度的变更、金融创新等其他因素同样会促使收购企业对目标资产进行剥离（Shleifer & Vishny，1994）[92]。企业收购往往是为了日后出售。虽然实施并购后的企业普遍呈现出较高的资产剥离率，但是仅有38%的剥离代表着不成功的收购。事实上，资产剥离的实施为买卖双方股东都创造了财富。虽然实施多元化并购的企业的资产剥离率远高于实施非多元化并购的企业，但是进一步通过对并购绩效进行分析，研究者并未发现不同并购类型间的绩效存在差异。

此外，Capron et al.（2001）[86]指出前述研究的局限性主要体现在两个方面：第一，先前的研究主要围绕对目标企业资产实施的剥离，而较少关注对收购企业资产所实施的剥离。第二，并未对资产剥离在企业并购后的业务调整动态过程中所发挥的积极作用给予充分认识。基于一个更为积极的视角，Capron et al.（2001）[86]对实施多元化并购后企业的资产剥离进行了研究，扩展了“资产剥离常常是企业并购战略的组成”这一观点。通过对1988—1992年来自美国和欧洲国家的253例横向并购进行分析，发现企业并购后对资源的重新配置会导致资产剥离的发生。资源重新配置和资产剥离的模式表明，并购提供了一种重新配置企业内部资源的方法，资产剥离是这种重新配置过程的逻辑结果。同时发现，并购企业与目标企业彼此间战略的相似性会导致更多对目标企业资产的剥离。这一结论与规模经济理论相一致，即资产剥离是企业资源配置过程的组成部分，可以帮助企业通过出售剩余产能来重新获取规模效益的观点（Bergh，1997）[119]。

由此可知，传统的规模效益论认为资产剥离有利于增加目标企业与收购企业的战略一致性（Dutz，1989；Ramaswamy，1997）[120][121]，而资源重构理论认为，对不需要的资产进行剥离是企业并购后资源在目标企业和收购企业之间重新配置的结果。企业通过并购实现对资源的获取，必然会对所获资源进行重新配置，资产剥离是资源调整过程的一个部分，是并购企业力图与目标企业能力融合的逻辑结果。资源的重新配置活动会随着并购企业和目标企业之间战略相似性的提升而增加。因为，双方战略特征的相似性使得彼此拥有更多机会去共享资源，以及对彼此资源具有更强的吸收能力。资源重新配置会对目标企业和并购企业的资产剥离活动产生影响。区别于割裂地看待资源配置和资产剥离的研究，“资源重构理论”认为，并购、资源配置以及资产剥离是企业提升业务适应性和资源重新配置过程的组成要素。

2.1.6 机会主义论

“机会主义论”认为资产剥离也可能是一种对剥离规模和时点进行调节的真实盈余管理的短期行为（Poitras et al.，2002）[82]。

鉴于中国特殊的制度环境，我国研究主要关注了资产剥离对企业财务层面的影响。相关研究指出，“中国存在大量关联交易及报表性资产剥离的异象，资产剥离主要存在保配、保壳以及盈余管理等动机”（俞铁成，2001）[8]，1997年是上市公司重组的一个转折点，各类重组事件层出不穷，资产剥离也开始大量出现，而且这些新增的重组主要发生在上市公司及其关联企业之间。出于规避资本市场管制目的而进行的资产剥离等机会主义行为，其财富再分配效应远远大于资源优化配置效应（刘星和安灵，2007）[3]。陈信元和叶鹏飞（2003）[2]分析了资产重组对企业的财务影响，认为我国上市公司存在利用重组实现粉饰报表的机会主义重组行为。

然而与之形成对比的是，在罗良忠等（2003）[9]的研究中，中国上市公司资产出售的“年末效应”随着时间的推移明显弱化，一定程度上表明企业借助资产剥离进行真实盈余管理意图的削弱及相关可能性的降低。资产剥离是企业提升长期绩效的一种战略选择，并不仅仅是摆脱短期困境的机会主义行为。

2.2 资产剥离决策的影响因素

关于资产剥离的影响因素研究主要围绕产业层面特定因素和企业层面特定因素两个方面展开。

2.2.1 产业层面

企业剥离决策受多种外部因素影响，涵盖了从环境不确定性到行业监管的方方面面。研究表明，产业集中度、产业增长、技术变革、环境不确定性以及产业制度环境的变化（如放松管制、税收和反垄断政策法规的变化等）都是影响资产剥离实施的主要外部因素。

在 Maksimovic & Phillips（2001，2002）[80][89] 的新古典企业组织模型中，其对影响企业资产剥离的因素进行了预测。假设工业企业的生产率存在差异，产业正向需求冲击会引起资产价值的变化，使得资产从效率低的企业向效率高的企业转移。因此，对资产进行剥离是效率低下的企业对外部冲击的一种积极应对。Ilmakunnas & Topi（1999）[122] 认为，在高速增长的产业中，企业生存机会增加，资产剥离发生的概率较低。因此，资产剥离多发生于产生衰退的产业中。然而，产业高速增长的同时，企业主营业务快速发展，多元化企业越来越多地开始对其市场份额小的边缘业务进行剥离，以便充分发掘核心业务优势（Sembenelli & Vannoni，2000）[123]。剥离企业往往处于高度竞争的产品市场中，必须迅速应对不断变化的市场环境，推动了剥离的发生（Masulis et al.，2007；Owen et al.，2010）[124][125]。史习民和金晓勇（2015）[10] 通过对中国铝业2013年的资产剥离事件进行分析，认为企业资产决策受行业层面、企业层面以及业务层面三层因素的影响。2008年国际金融危机后，原铝行业持续低迷的背景是推动公司实施资产剥离以实现扭亏为盈的主要因素之一。Eckbo & Thorburn（2008）[126] 指出，组织复杂性及其对企业生产力的负面影响，加上对外部资金的巨大需求，可能会导致综合性公司考虑收缩其边界。因此，当产品市场方面的潜在利益被组织复杂性或融资需求增加所导致的成本所抵消时，企业会因逐利而收缩公司的纵向边界，对收益成本的权衡决定了是进行部分剥离还是完全剥离。

Stigler（1951）[127]，Sappington（2006）[128] 认为，由于产业正向需求冲击弱化了企业一体化情况下的收益，从而推动了企业通过纵向剥离（即剥离其上游或下游业务）来保留最有效的组织形式。在大型或快速成长的产业中，企业倾向于将其上游部门剥离，以发挥专业化与规模经济的效用。Jain et al.（2011）[81] 探讨了纵向剥离的影响因素，认为产业冲击会引发组织形式的改变，冲击力度越大，纵向剥离带来的效率收益就越大，从而削弱了组织保持垂直整合的经济理由。研究表明，纵向剥离受产业需求冲击、融资约束以及母公司与子公司相对生产率等因素的影响。纵向剥离发生的可能性随着子公司所在产业的正向需求冲击以及母公司（与子公司）相对生产率的降低而增加，这一结论与Maksimovic & Phillips（2002）[89]提出的新古典企业组织模型基本一致。此外，如果母公司处于纵向一体化程度较高的产业，或其存在重要的公司内部垂直关系，则会对纵向剥离的实施产生抑制作用。进一步分析纵向剥离的方式，在特定关系投资①更为普遍且对外部资金的需求较高的环境中，采取股权分割进行部分剥离的可能性更大；在规模较大且在经历正向需求冲击的产业中，以分立代表的全部剥离的可能性更大，因为分立可以最大限度地实现专业化收益。此外，纵向剥离的发生还受到子公司所在产业融资便利程度的影响。

2.2.2 企业层面

研究表明企业在面临问题时会实施资产剥离（Golder et al., 2018）[129]，包括业绩不佳（Kolev，2016）[130]、财务困境（Finlay et al., 2018；Nguyen，2016）[131][90]、外部压力（Durand & Vergne，2015）[132]或过度多样化（Peruffo et al，2018）[133]。

（1）企业多元化程度。

唐清泉和李萍（2016）[1]认为因采用多元化战略而导致企业价值损害程度越高的企业，越有可能采取资产剥离等收缩性战略来修正先前多元化策略的错误。多元化企业需要在企业边界与规模经济之间进行权衡。一方面，更为广阔的企业边界可以实现不同业务间的规模经济；另一方面，企业在管理与整合业务的过程中，也会因业务过多而产生规模不经济（Chen & Feldman，2018）[134]。规模不经济可能源于跨业务部门间的协调难度较高（Rawley，2010；Zhou，2011）[135][136]，也可能源于信息不对称和代理问题的发生（Gartenberg & Pierce，2017）[137]。因此，在公司投资组合范围内，当拥有和经营某项业务的边际成本超过边际收益时，企业应剥离该业务部门。比如，剥离的发生往往与企业多元化程

① 为维持改善特定关系的投资，如对上下游公司的投资。如果企业在后续生产或分销过程中拥有共同所有权，则可以通过产品市场为纵向一体化公司创造价值。例如，降低与供应商或客户谈判的交易成本、改善特定关系、对反竞争战略的改进等。

度密切相关，当多元化水平超过一定限度，企业资源配置效率会随着多元化程度的继续提高而下降。由于业务间的负向协同效应，被剥离的业务导致了有价值资源的无效耗费（这可能会通过有意无意的交叉补贴而发生），也可能过度多元化导致的组织高度复杂性，公司管理层失去了业务部门之间实现协同的意愿（Litov et al.，2012）[138]。

（2）业绩不佳。

剥离决策还受到公司流动性等因素的影响（Owen et al.，2010；唐清泉和李萍，2016）[125][1]。面对公司业绩不佳或管理者经营不善带来的压力，管理层试图通过资产剥离以改变公司业务组合（Markides & Singh，1997）[139]。在业绩不佳的情况下，剥离企业利用剥离所得资金来偿还债务、支付股利，为持续经营提供资金或用于再投资（Borisova & Brown，2013；Laamanen et al.，2014；Lockett & Wild，2013；史习民和金晓勇；2015）[97][67][140][10]。

（3）企业可支配资源。

基于技术创新的外生视角，Aseem（2012）[141]探讨了在资源有限的情况下，技术创新与企业边界的关系。Aseem认为技术创新会打破资源配置均衡，从而对企业边界产生影响。一方面，技术创新促使企业不断开发新资源、向新领域扩张，以提高边际收益；另一方面，企业竞争对手的创新将改变企业现有资源的价值。无论何种情况，都会促使企业对资源重新配置。由于资源稀缺所产生的机会成本，边缘业务中的资源投入可能不再是最优的。鉴于资源的稀缺性，涉猎新领域需要企业从其边缘业务中调拨资源，从而导致稀缺资源从边缘业务中撤出并向新的投资机会流动。因此，技术创新会使企业退出或缩减其边缘业务。此外，竞争对手的技术创新也可以推动企业改变其投资组合。对于从溢出效应中获益的企业，溢出效应带来的新机会可能会加速企业对竞争威胁的反应，从而推动其从边缘业务中退出。

基于企业行为的内生视角，文巧甜和郭蓉（2017）[11]指出，当企业面临资源约束时，可以通过资源消耗型以及资源释放型两种行为来实现战略调整。其中，并购属于资源消耗型战略，资产剥离属于资源释放型战略。资产剥离的实施与企业实际业绩与理想业绩的差距以及股权集中度紧密相关。资产剥离所代表的资源释放行为会随着企业实际业绩与理想业绩差距的加大而增加，以实现资源的重新部署，减小损失。

（4）公司治理。①

①委托—代理冲突。薄弱的内部治理或代理问题，是资产剥离的另一个主要影响因素，该因素与过度多元化问题密切相关。“效率低下的内部治理导致了企业的过度多元化”这一观点在委托—代理问题相关的资产剥离研究中尤其突出（Hoskisson et al.，1994）[142]。由于过度收购和过度多元化是代理问题的结果，因此企业往往通过资产剥离实现对管理层自我交易控制失效的纠正。在剥离决策中，代理冲突可能表现为管理者会因避免损害自身利益而不采取能够对股东价值产生重要影响的剥离。因此，需要有额外的动力来促使管理层进行资产剥离，有效的公司治理机制则可以提供这种刺激（Shimizu，2007）[143]。

相当多的研究为治理机制影响企业重组活动提供了充足的依据。Owen et al.（2010）[125] 认为资产剥离是探索公司治理对管理决策有效性影响的适当领域，资产剥离更有可能发生在公司治理有效的企业。由于剥离往往会带来企业规模的减小、管理层私利的减少，因此良好的公司治理会确保管理层在应该资产剥离时实施这一战略。剥离的发生还与董事会规模、CEO持股有关。其中，董事会规模与资产剥离正相关，CEO持股与资产剥离负相关。唐清泉和李萍（2016）[1] 的研究表明，剥离前发生高管变更的企业更有可能实施剥离，而董事会规模以及董事长与总经理是否两职合一与资产剥离负相关。Feldman（2014）[144] 认为，新的首席执行官与任期较长的高管（CEO）相比，更有可能对传统业务进行剥离。任期较短的CEO较难了解传统业务的重要性，也最容易受到来自投资者的压力，迫使其对传统业务进行剥离，这些传统业务往往集中在衰退行业，拖累了母公司的股票市场表现。然而，基于对1991—2009年649家美国公司的研究，Abor et al.（2011）[145] 指出，虽然公司治理会对并购后企业裁员和进一步收购决策产生影响，但没有证据表明能够对资产剥离的可能性产生明显的治理效果。

① 此处的公司治理包括公司内部治理和公司外部治理。

此外，激励机制的不完备，如薪酬设定的不平等也可能导致代理问题，从而对资产剥离决策产生影响（Gartenberg & Pierce，2017）[137]。Nickerson & Zenger（2008）[146]认为缩小公司边界，对业务部门进行剥离以减少进行比较的参照对象是降低社会比较成本①的主要方式之一。因此，公司部门经理之间的薪酬差异也会对企业战略产生重大影响。当部门经理之间的薪酬不平等程度较高时，公司更倾向对部门实施剥离（Chen & Feldman，2018）[134]。

②委托—委托人冲突。在剥离决策中，代理冲突也可能表现为委托—委托人冲突，即大股东“隧道挖掘”对中小股东进行利益侵占，而不采取能够对企业价值产生积极影响的剥离。Owen et al.（2010）[125]指出，杠杆与资产剥离的正向关系表明企业资本结构中的债务具有监督作用。然而，Wu et al.（2011）[147]认为，在新兴经济体中，债权人未能真正发挥有效的监督作用。当债务人同样是国有控股企业时，债权人和控股股东有着共同的政治目标，而不管该目标对非国有控股股东的财富会带来怎样的负面影响。负债水平越高，来自债权人的影响越大，控股股东与债权人结合的趋势越强，控股股东实现国家目标的动机和能力就得到了进一步强化。因此，公司债务对资产剥离决策的抑制作用影响仅存在于国有控股公司。

大股东在监督管理层的过程中应发挥积极作用，当股权高度集中时，监督动力和监督能力的结合限制了管理层的自由裁量权。然而，在新兴经济体中，上述治理安排和剥离活动之间的相互关系可能呈现出不同的模式。在法律制度薄弱的经济体中，对少数股东利益的保护薄弱，大股东往往进行“隧道挖掘”，从小股东那里攫取利益（Claessens et al.，2000）[148]。

中国制度结构的一个显著特征是，国家作为经济中大多数企业资产的最大和最终控股股东而发挥作用。这意味着国家作为控股股东，往往追求与私人股东不一致的目标。鉴于资产剥离通常伴随着重组和裁员，

① 当员工将薪酬与同行的薪酬进行基准比较时，公司内部就会发生因薪酬不平等而产生的社会比较成本（Festinger，1954）。社会比较成本包括生产率降低（Obloj & Zenger，2017）、离职率增加（Kacperczyk & Balachandran，2018），甚至欺骗，团队合作减少（Gino & Pierce，2009、2010）。

在国有控股上市公司中，对不利于公共利益的资产剥离进行规避的倾向很强。国家持股越高，国家就越有权力将生产性资产从核心盈利业务转移到旨在促进其政治和社会目标的项目上。在控股股东不是国家的情况下，上述现象仍可能会发生，控股股东的私人收益可以通过关联交易向其附属公司转移资源而得到增强。通过保留大量冗余甚至是落后的资产，维持复杂且过度多元化的公司结构，大股东将有更多的机会从小股东手中侵吞利益。资产剥离会导致公司资产的减少，大股东的相对控制权相应弱化。虽然企业运营效率和透明度可能会因剥离行为而得到提升，但大股东对资产的操纵变得愈加困难。由于私人收益超出企业效率提升带来的收益，无论是对国有控股还是非国有控股公司，股权集中度均抑制了剥离的发生（Wu et al.，2011）[147]。Ahn & Walker（2007）[149]的研究结果表明所有权结构在企业资产剥离决策中发挥了重要作用。第一大股东持股比例越高，其对公司的控制就越强，企业实施战略调整的概率越低，从而抑制了剥离的发生。特别是当企业实际业绩与理想业绩差距不断扩大时，企业股权集中度越高，出于管理层自利动机，大股东会更倾向于采取并购所代表的资源消耗型行为（文巧甜和郭蓉，2017）[11]。

③ 外部治理。一方面，Daily et al.（2003）[150]，Brav et al.（2009）[151]认为外部治理机制（如公司产权市场）可以替代不充分的内部治理机制。机构投资者、激进投资者①等大股东可以通过监控经理层和实施战略变革来缓解公司内部的代理问题。当管理层未能以股东利益为重时，上述投资者能够促使其采取提升企业价值的剥离决策，从而履行重要的外部治理职能（Chen & Feldman，2018）[134]。

另一方面，也有学者指出尽管大量持股会产生强烈的监控动机，但越来越多的大股东是拥有多元化投资组合的“被动机构投资者”。这些投资者通常在他们大量持股的公司中没有董事席位或并不是管理层代表，从而削弱了他们所谓的监督管理的动力，未能对企业带来重大战略影响（Jensen，1993；Appel & Keim，2016）[152][153]。

① 与机构投资者不同，激进投资者往往会积极地买入他们认为管理不善的公司的股份（通常占已发行股份的5%~10%）（Brav，Jiang，Partnoy & Thomas，2008），并对管理层施加压力，以实施各种战略变革。

2.3 资产剥离的经济后果

西方很早就开始了对资产剥离经济后果的研究，在战略管理和公司财务领域，人们通过大量研究考察了资产出售、股权分割和企业分立上市三种资产剥离方式对发达经济体股东财富以及企业绩效的影响。从本质上来说，资产剥离是企业让渡被剥离资产的未来现金流，以换取今天折现现金流的支付。正的净现值意味着股东财富的增加，反之，则会对股东财富造成损害（Boudreaux，1975）[154]。

市场经济中，股东通过资产剥离获取财富归因于负协同效应的消除（Cohen，2013）[155]、资产配置效率提升（Karim & Kaul，2015）[156]、以更低的资本成本融资（Borisova & Brown，2013）[97]、代理问题的缓解（Pathak et al.，2014；Feldman，2015）[157][158]、促进对企业未来增长的投资（Vidal & Mitchell，2018）[159]等。因此，梳理过去以及近期的文献可以发现，学者对欧美发达国家上市公司资产剥离经济后果大多持正面看法，认为资产剥离在提高公司经营绩效、提升股东价值、优化资源配置、增强企业生存能力、缓解融资约束方面发挥了重要作用（Owen et al.，2010；Abor et al.，2011；Borisova et al.，2013；Prezas & Simonyan，2015；Kaprielyan，2016）[125][145][95][106][160]。资产剥离除了能够给卖方企业带来正向的财富效应外，买方企业乃至利益相关企业都可能因资产剥离所带来的协同效应而获益（Jain et al.，2011；Borisova et al.，2013）[81][95]，由此肯定了资产剥离的重要战略作用（Lee & Madhavan，2010）[161]。

同时，也有很多学者认为资产剥离的影响非常有限（李善民和李珩，2003）[12]，战术性资产剥离的经济效应受行业周期性影响而具有较大的不确定性，产业低迷时，资产剥离很有可能给企业带来负面效应。虽然剥离的实施能够较为快速地改善企业短期财务绩效，但是对公司的长期价值创造可能会产生不利的影响（史习民和金晓勇，2015）[10]。资产剥离甚至可能是企业实际控制人的利益侵占行为，会对企业价值产生消极影响（Peruffo et al，2018；Feldman et al.，2019）[162][163]。

2.3.1 资产剥离对融资约束的影响

Coakley et al.（2007）[164] 认为处于财务困境相对更为严重的企业从资产剥离中获得了更大的回报。Clayton & Reisel（2013）[165] 的研究表明，资产剥离提升股东财富的同时，也为债权人创造了价值。与Nguyen（2016）[90] 的结论不同，其认为资本结构的变化决定了资产剥离的价值创造能力，市场对剥离的反应与剥离前企业业绩并无关系。研究发现，股票以及债券超额回报集中在杠杆程度较高的企业，且剥离收益用于偿还债务。低杠杆企业则未表现出持续、显著的股票或债券超额回报。因此，对于杠杆程度较高的企业而言，资产剥离价值创造的主要驱动力来自资本结构的变化。

Borisova et al.（2013）[95] 对1998—2008年美国公司向国内外买家剥离国内资产的案例进行了研究，发现无论是在跨境交易还是国内交易中，买方企业均取得了正向回报。而对卖方企业而言，跨境交易与国内交易相比，带来了更高的超额回报。剥离的财富效应与卖方融资约束密切相关。Powell & Yawson（2012）[166] 以英国上市企业为研究对象，指出资产剥离大大降低了企业以被收购、破产等形式退出市场的可能性，并且大大降低了企业以类似形式退出市场的速度，从而提升了企业的生存能力。这种对生存能力的提升效应，无论是在财务状况良好的企业还是在财务状况不佳的企业，都普遍存在。Nguyen（2016）[90] 则认为市场对资产剥离的反应取决于被剥离资产实现有价值用途的可能性，或者取决于剥离企业消除负面协同效应的能力。与业绩不佳的公司相比，剥离对业绩出色的公司没有太大的财富创造效应。

陈玉罡和李善民（2010）[13] 的研究表明，资产剥离能否为企业创造价值取决于剥离前一年以及剥离当年企业的EVA水平。剥离前一年以及剥离当年企业EVA水平越高，资产剥离能够为企业创造价值的可能性就越高；否则，资产剥离的实施将对企业价值造成损害。以剥离前一年ROA作为企业业绩的测度标准，Vidal & Mitchell（2018）[159] 的研究同样表明，资产剥离可以强化优势、加剧劣势。对于剥离前业绩良好的企业而言，剥离的实施起到了锦上添花的效果；对于业绩不佳的企业而言，剥离的实施加剧了企业的恶性循环，增加了企业被收购的可能。

2.3.2 资产剥离对资源配置的影响

资产剥离可以帮助企业进行资源重构①，实现资源的优化配置。剥离所释放的资源如果得到适当部署，可以产生战略协同作用、降低信息处理成本、提高资源配置效率，从而改善企业绩效（Karim & Kaul，2015；Folta et al.，2016）[156][167]。

通过对以往35年中发表的有关资源重构的文献进行梳理，Karim & Capron（2016）[64]指出以往学者均多角度论证了资源重构的重要性。资源重构是企业扩张、收缩和创新的关键过程，目的在于寻求企业提高绩效和确保竞争优势的有效路径。在此过程中，企业将资源与重组战略相结合，以改变资源基础，适应不断变化的市场环境。Vidal & Mitchell（2018）[159]认为，资产剥离能够在不改变资源基础的情况下，帮助企业实现对新资源的创造与获取。把剥离所释放的财务资源与人力资源投向更具前景的业务领域，企业可以保持并不断更新其竞争优势。李萍等（2019）[5]从资源优化配置的角度出发，认为企业在资源约束的情况下，会将资产剥离释放的资源用于研发投入，从而对企业绩效产生积极影响。因此，资产剥离对企业研发的促进作用主要存在于年轻、非国有以及高新技术企业等融资约束程度较高的企业中。

Levinthal & Wu（2010）[168]认为业绩较差与业绩良好的企业面临不同的压力。与业绩基础较差的企业相比，业绩良好的企业通常有更多的时间应对压力。此类企业往往可以主动采取行动，利用其资源与技术优势合理选择所剥离资产；他们将资产剥离作为微调其管理和财务资源的一种手段，而尽量避免完全剥离，因为完全剥离可能会造成公司的重大混乱。相反，业绩不佳的企业往往面临筹集资金的紧迫需求。融资约束又使得其在资本市场筹集资金的通道受阻。因此，规模较小、财务回报有限的部分剥离往往不符合其当前需求。此类企业更倾向于规模较大的剥离，但剥离时企业较低的业绩可能意味着财务压力下的贱卖（Finlay

① 资源重构指的是企业增加、重新部署、重组、剥离资源或业务单位的活动。

et al., 2018)[131],而资产剥离所创造的福利与剥离方企业的议价能力密切相关(Laamanen et al.2014)[67]。企业很有可能会因边界的重大变化而陷入动荡。此外,完全剥离还可能伴随着巨大的机会成本,引发珍贵资源被消除的风险。

2.3.3 资产剥离对公司治理的影响

Owen et al.(2010)[125]认为剥离的收益取决于公司内部监控机制的有效性,使得代理成本最小化,并认为公司治理特征是超常回报的决定因素。强有力的内部和外部治理的结合可能会迫使管理者以股东财富最大化为目的进行决策。特别是在《萨班斯—奥克斯利法案》(Sarbanes-Oxley Act)引入后实施的资产剥离,其累计超额收益明显高于法案引入之前所发生的剥离。原因在于,《萨班斯—奥克斯利法案》的引入提升了企业透明度,改善了公司治理,使得管理层决策行为更为慎重。Chen & Feldman(2018)[134]将激进投资者推动的剥离与管理层自愿进行的剥离进行比较,揭示了代理冲突与剥离绩效之间的关系。研究表明投资者可以通过向管理层施压实施必要的剥离,存在代理问题的企业在剥离时为股东创造了财富。与后者相比,无论是短期还是长期,外部投资者促成的剥离对企业价值提升的作用更为显著。

然而,在中小股东保护制度较为薄弱的背景下,资产剥离很有可能是大股东的寻租行为。从这个角度来看,资产剥离具有消极的一面,会对企业市场表现带来负面影响(Ushijima & Schaede, 2013)[169]。通过考察来自西方13个国家①265个资产剥离的案例,研究者发现控股股东会对资产剥离中企业的超额收益产生重要影响,并且该影响因不同的制度背景、不同的中小股东权益保护制度而存在显著差异(Peruffo et al., 2018)[162]。Feldman et al.(2019)[163]认为在实施资产剥离的情况下,关于公司活动的信息不对称将促使投资者预期到两类代理问题所带来的风险。一方面,信息不对称限制了所有者的监控能力,为管理者提供了利用私人信息追求自身利益的机会。另一方面,信息不对称增加了控股

① 奥地利、比利时、芬兰、法国、德国、爱尔兰、意大利、挪威、葡萄牙、西班牙、瑞典、瑞士和英国。

股东在资产剥离交易中利用私人信息从少数股东那里获取私利的可能。因此，在信息不对称的情形下，管理者和控股股东都有更高的机会主义行为。市场投资者会预期更高的潜在代理成本，对剥离公司的股价给予消极反应。在第二类代理问题中，家族所有制的存在可能成为资产剥离交易质量的“负面”信号。实际上，家族所有者可能为了追求私人利益而利用资产剥离，从而损害小股东的利益，进而加剧信息不对称的负面影响。因此，家族所有制进一步加剧了资产剥离财务绩效与信息不对称之间的负向关系。

基于同属管辖的视角，徐虹（2012）[14]以沪深A股上市公司资产剥离事件为研究对象，从市场化进程、资产剥离交易对象以及企业产权配置三个方面探讨上市公司资产剥离对业绩的影响。研究发现，市场化程度越高，企业受到的地方政府干预越少，上市公司资产剥离后的业绩也越好。对于产权性质不同的企业，资产剥离的影响存在差异。由于直接的控股关系，地方政府控制的企业，其资产剥离行为往往体现了政府意志而非市场意愿。因此，对于地方政府控制的上市公司而言，资产剥离将对其业绩造成损害；而对于非政府控制的企业而言，受到的政府干预较少，其业绩将通过剥离得到明显改善。然而，无论对于何种性质的企业，如果剥离交易双方同属于地方政府管辖，那么资产剥离会对上市公司的业绩产生负面影响，由此对冲掉市场化程度提高带来的正向效应。Xu et al.（2017）[170]研究了代理冲突下企业资产剥离决策对股东财富的影响，股票市场对国有企业和非国有企业的资产出售公告反应截然不同。这种不同的市场反应受到中国市场制度特征的影响，并与国有企业的高代理成本相一致，尤其是与战略性国有企业相关的制度特征有关，可能会促使管理者将国家目标置于股东财富最大化之上。鉴于与管理自由裁量权相关的代理冲突的可能性较高，市场会对国有企业的剥离做出负面反应。

2.3.4 资产剥离对多元化折价的影响

在制度不完善的新兴经济体中，企业倾向于通过多元化创造内部市场，以填补这些空白。因此，持反对观点的研究者认为，降低企业多元化水平的资产剥离在内部市场中也许并不能提高价值。这一思路的研究侧重于通过企业集团实现多样化（Khanna & Palepu，2000a；2000b）[171][172]。尽管企业层面的多样化也可以通过建立外部制度关联来创造，但是从经验上来看，没有太多的研究表明公司多元化和普通股东财富之间的积极关系。即便创造了价值，主要部分也被大股东所获取。集团的大股东可以从已建立的机构关系中获益，将这些利益转移到完全受集团控制的子公司中，而多元化公司的小股东不太可能拥有获得这些利益所需的影响力（Ammann et al.，2012）[173]。通过比较企业集团和与之匹配的资产组合的绩效价值（由单个专业化企业形成的），研究者发现多元化企业整体上是以折价进行交易的（Curi & Murgia，2018）[174]。与专业化公司相比，企业集团市场估值过低与投资效率低下和负面协同效应有关，这通常会转化为高额的代理成本。与企业集团相关的投资效率低下、市场低估、负面协同效应以及组织冲突等问题或许会通过重组活动得到缓解和解决（Schmid & Walter，2009）[175]。

John & Ofek（1995）[77] 的研究表明实施归核化剥离后，企业剩余资产盈利能力大幅提升，且该能力的提升与企业专业化程度密切相关。Berger & Ofek（1995）[115] 认为归核化战略增加的市场价值与多元化带来的价值损失正相关。研究结果间接表明，归核化的市场价值效应与归核化前多元化水平正相关。付彦等（2015）[7] 指出，作为重要的战略选择，多元化和归核化代表了企业两种截然不同的方向定位，会对企业的可持续发展产生重大影响。资产剥离是公司紧缩、业务归核的有效途径，是企业提升长期绩效的一种战略选择，并非仅是摆脱短期困境的机会主义行为（吴剑峰，2009）[4]。Huang & Chen（2012）[176]、唐清泉和李萍（2016）[1] 的研究表明，资产剥离的实施通过增强企业专业化程度带来了中国上市公司价值的提升。后者以2007—2013年中国上市公司资产剥离为样本，认为资产剥离的价值效应取决于被剥离资产与核心业务的相关度，归核化剥离特别是缩小业务范围的归核化剥离能够显著改善企业的长期绩效。

王辉和孔爱国（2013）[15] 指出归核化后公司的利润率提高，公司价值得以明显提升。付彦等（2015）[7] 认为与非归核化剥离相比，归核化剥离更能够提升企业市场价值，并且该效应具有稳定性。史习民和金晓勇（2015）[10]对比了中国铝业发生于2013年的两次资产剥离事件，发现剥离绩效存在较大差异，主要原因在于剥离类型的不同，第一件与公司主营业务关联度较低，而第二件则是对核心业务产业链下游业务的剥离。相比之下，第一件的剥离绩效明显更高。崔世娟等（2015）[16]基于“资源基础理论”和“委托代理理论”，指出归核化战略的实施能够促进我国企业业绩的提升，并且归核化战略作用的发挥受到企业外部环境、公司治理以及剥离前企业多元化水平等因素的影响。企业所处行业环境的不确定性越高、管理层受监管力度越大、剥离前企业多元化水平越高，资产剥离的效果越好。在研究中，作者将归核化进一步划分为聚焦型归核化和整合型归核化①，认为整合型归核化战略更能够促进企业绩效的提升。Depecik et al.（2013）[177]考察了品牌剥离对公司价值的影响，指出资产剥离的财富效应取决于被剥离资产与核心业务的相关度。通过分析全球食品行业和饮品行业的品牌剥离，发现整体上品牌剥离有损于公司价值。只有当公司对非核心业务中的品牌进行剥离时，才对公司价值产生正向影响。

出于业务、财务或战略的目的，企业会进行资产剥离来提升其专业化程度。与此同时，企业必须考虑选择哪些资产进行剥离。具有不同背景的管理层可能会选择不同的资产进行剥离以达到归核化的目的。因此，管理层异质性会通过影响资产剥离决策从而对企业价值产生影响。比如，Chang（1996）[178]采用资源基础理论的观点解释了剥离行为和企业业绩之间的关系。Chang将人力资源定义为公司知识，认为如果人力资源组合与特定业务不匹配，那么企业将剥离该业务。通过“搜索”和“选择”过程，包括剥离不匹配的业务线，公司业绩将得到提高。基于前述研究，Huang（2014）[179]进一步探讨了CEO专业知识与企业剥离行为以及企业绩效之间的关系。研究发现，在多元化企业集团中，CEO更倾向于对其经验较少的业务进行剥离，以将精

① 聚焦型归核化是指企业为了收缩业务范围和边界，不但剥离不相关业务，而且对相关业务进行剥离，往往只专注于一两个业务，以聚焦于“点”的方式形成自己的竞争优势。整合型归核化则在不相关业务剥离的基础上，对相关业务进行优化和整合，以“链”的形式形成竞争优势。比较明显的特征是总体多元化水平的降低和相关多元化水平的提高。

力集中在自己所擅长的领域。通过剥离，公司实现了“CEO专长与剩余资产”的高度匹配，向市场更为有效地传达了公司战略，经营业绩明显改善，企业价值持续增长。然而，带来企业专业化程度提升，但“CEO专长与剩余资产”匹配程度并未改善的剥离，也未使公司价值实现长期增长。

基于金融企业的特殊性和以往对金融企业研究的相对空白，针对目前关于金融集团规模、活动和效率的争论，Curi & Murgia（2018）[174]研究了发生于2005—2016年来自全球15个国家的50家规模较大的金融集团的资产剥离事件，认为资产剥离是降低多元化折价的有效方式。区别于传统的“专业化程度增强能够提升企业价值”的结论，研究表明出售与核心业务无关的资产对金融企业集团的超额价值并未带来显著影响。相反，财富效应的创造大部分来自企业对核心业务相关资产的处置，这是因为在金融市场波动性和流动性的影响下，企业集团存在折价交易且内部资本市场效率低下。上述结论支持了企业规模缩减政策有利于股东且间接有利于经济福利的观点。

此外，还有学者考察了不同剥离方式、交易双方背景差异对企业价值的影响。Prezas & Simonyan（2015）[106]对比分析了发生在1980—2011年的378例企业分立和4 192例资产出售的经济后果。结果发现无论是采取分立还是资产出售的企业，都伴随着积极的公告效应，但选择分立的企业其公告效应更为显著，选择出售资产的公司在剥离后则表现出较为长期的经营绩效和股票收益提升。Kaprielyan（2016）[160]考察了交易双方企业地区差异对资产剥离经济效应的影响。与国外交易相比，国内交易取得了更为显著的市场回报，且市场反应与剥离规模正相关。原因在于，如果目标资产和收购方来自经济发展水平不同的国家，那么双方在交易过程中可能会面临更多的跨境摩擦。此外，随着交易规模的增加，投资者了解资产剥离真正价值的动机得到了增强，从而导致了更强烈的市场反应。

为了探究资产剥离经济后果差异产生的原因，本书列示了20世纪80年代以来国内外关于资产剥离与企业绩效之间关系的主要研究成果，见表2-1。

表2-1　资产剥离的经济效应及影响因素汇总

作　者	资产剥离经济效应测度	资产剥离经济效应	影响因素
Hite & Owers（1983）	CAR	+	剥离意图（为了促进合并和分离业务的部分剥离）
		-	剥离意图（为了应对法律或监管）
Alexande et al.（1984）	CAR	+	剥离前企业低迷的股市表现
Jain（1985）	CAR	+	剥离前企业低迷的股市表现
Hite et al.（1987）	AR	+	
Montgomery & Thomas（1988）	ROA	-	剥离后企业业绩提升，但是低于未实施剥离的企业
Pashley & Philippatos（1990）	因素分析	+	企业所处的生命周期阶段
Lang et al.（1992）	CAR	+	剥离所得再分配
Hoskisson & Johnson（1992）	ROA	+	内部治理
Markides（1992）	CAR	+	多元化程度
John & Ofek（1995）	息税前利润/销售收入；息税前利润/资产账面价值；息税前利润/资产市场价值	+	归核化剥离
Markides（1995）	ROA、ROS、ROE	+	主动剥离与被动剥离
Bergh（1995）	ROA	-	归核化剥离

续表

作　者	资产剥离经济效应测度	资产剥离经济效应	影响因素
Chang（1996）	ROA	+	人力资源的相似性
Bergh（1997）	ROA	+	与主营业务的相关性
Mulherin & Boone（2000）	CAR	+	资产剥离的规模
Maksmovic & phillips（2001）	全要素生产率	+	交易双方生产力差异
Haynes et al.（2003）	资本回报率	+	企业多元化程度； 公司治理
Dittmar & Shivdasani（2003）	CAR	+	归核化剥离
Masulis et al.（2007）	AR	+	公司治理
Owen et al.（2010）	AR	+	主效应
Lee & Madhavan（2010）	元分析	+	业绩测度；交易类型；交易动机；企业的资源水平
李善明和陈玉罡（2010）	EVA		剥离前以及剥离当年企业的EVA水平
Abor et al.（2011）	ROE	+	并购后未剥离VS并购后剥离
Jain et al.（2011）	CAR； OCF/Asset	+	—
Huang & Chen（2012）	CAR	+	剥离为资产置换，且是归核化剥离
Powell & Yawson（2012）	企业生存能力	+	财务困境程度
徐虹（2012）	主营业务净资产收益率	-	同属于管辖交易
		+	市场化进程
		-	地方政府控制的企业
		+	非政府控制的企业

续表

作者	资产剥离经济效应测度	资产剥离经济效应	影响因素
Ioannou（2013）	企业生存能力	+	企业内部的一致性
Borisova et al.（2013）	AR	+	剥离规模；融资约束
Clayton & Reisel（2013）	CAR	+	杠杆程度以及剥离资金用途
徐虹（2013）	CAR	−	—
Depecik et al.（2013）	CAR	+	归核化剥离
Feldman（2014）	ROS	−	传统业务剥离
Huang（2014）	剥离后3年的股票收益率	+	当CEO专长与企业剩余资产匹配时
Karim & Capron（2015）	资源基础	+	—
Alexandros et al.（2015）	CAR	+	剥离方式：分立VS资产出售
	1.扣除利息与折旧费用前的经营利润/总资产； 2.扣除利息与折旧费用前的经营利润/销售收入； 3.ROA	+	无论是采取分立还是资产出售的企业，都伴随着积极的公告效应，但选择分立的企业其公告效应更为显著，选择出售资产的公司在剥离后则表现出较为长期的经营绩效和股票收益
	持有期收益率	+	剥离方式：资产出售VS分立
史习民和金晓勇（2015）	CAR	+	归核化剥离VS非归核化剥离
	BHAR	−	
付彦等（2015）	CAR	+	归核化剥离VS非归核化剥离

续表

作　者	资产剥离经济效应测度	资产剥离经济效应	影响因素
崔世娟等（2015）	ROA	+	归核化剥离类型（整合归核化VS聚焦归核化）、行业环境、公司治理、企业多元化水平
Helfat & Karim（2016）	资源基础	+	—
Nguyen（2016）	AR	+	剥离前企业业绩（业绩差的企业剥离效果更好）
Kaprielyan（2016）	CAR	+	剥离金额；收购方国家/地区差异等因素
唐清泉和李萍（2016）	（主营业务收入-主营业务成本）/主营业务收入	+	归核化剥离
Chen & Feldman（2018）	1.每日股票回报；2.持有期报酬率	+	代理问题
Curi & Murgia（2018）	超额价值	+	—
Vidal & Mitchell（2018）	ROA ROS	+ +	剥离前业绩好的企业
	ROA ROS	+ -	剥离前业绩差的企业
Feldman et al.（2019）	CAR	-	信息不对称、家族持股
李萍等（2019）	研发投入	+	融资约束

注：ROA为总资产收益率；ROE为净资产收益率；ROS为销售收入回报率；CAR为累计超常收益率；AR为超常收益率；OCF为经营性现金流；BHAR为购买并持有收益率。

资料来源：作者根据相关文献整理所得。

从整体来看，多数研究成果表明资产剥离与企业绩效之间存在显著的正向关系。资产剥离经济后果的差异性则可以从宏观环境以及企业微观层面找到解答。资产剥离的价值效应主要受到公司治理（Owen et al., 2010；Chen & Feldman，2018）[125][134]、剥离前企业的业绩水平（陈玉罡和李善民，2010；Vidal & Mitchell，2018）[13][159]、融资约束（Clayton & Reisel，2013；李萍等，2019）[165][5]、被剥离资产类型（Depecik et al.，2013；付彦等，2014；崔世娟等，2015；唐清泉和李萍，2016）[177][7][16][1]、剥离方式（Prezas & Simonyan，2015）[106]、产权性质（徐虹，2012；Xu et al.，2017）[14][170]、剥离规模（Borisova et al.，2013；Kaprielyan，2016）[95][160]以及交易双方经济环境（Borisova et al.，2013）[95]等诸多因素的影响。

2.4 研究述评

通过上述文献回顾可知，西方发达国家很早就开始了对重组行为的研究，在战略管理和公司财务领域，大量考察、研究了资产剥离的动因、资产剥离决策的影响因素以及资产剥离的经济后果。学术界长期以来对重组行为与企业绩效间关系的深入剖析，为资产剥离对企业价值的作用机制研究提供了思路与借鉴。在中国等新兴经济体中，随着资本市场的不断发展与成熟，企业资产剥离行为日益频繁，其在商业实践中的地位日益提高。越来越多的学者开始关注资产剥离这一领域，并取得了一定的成果，为本书的分析奠定了较为坚实的研究基础。然而，与发达经济体相比，无论是资产剥离动因研究，还是影响因素、作用机制以及经济后果研究都亟待进一步丰富与完善。

（1）在研究结论及观点方面，资产剥离研究需要基于新兴经济体的经验证据。尽管中国企业自20世纪90年代末以来一直积极参与收购和剥离，但中国企业剥离一直是一项研究相对较少的战略。新兴经济体的制度环境将导致管理层行为和企业战略表现出不同于发达经济体的战略和行为模式，学者们用在不同背景下发展起来的既定理论解释这种行为和策略时将面临挑战。具体表现为，在制度尚不完善的新兴经济体中，企业倾向于通过多元化创造内部市场，以填补制度空白。多元化企业集团或企业集团在新兴经济体中的持续主导地位表明，关于剥离动因和正面价值效应的“西方发达经济理论”可能并不同样适用于新兴经济体。比如，有效的资本市场假设在新兴经济体中显然是不成立的。因此，以新兴经济体为背景，特别是基于我国特殊的经济制度环境，对企业资产剥离行为展开研究具有现实意义。

（2）中国现有的关于资产剥离动因和经济后果的研究结论充满争议。持机会主义观的学者认为资产剥离可能是一种对剥离的规模和时点进行调节的真实的短期盈余管理行为；有的学者认为资产剥离是行政干预的结果，体现了更多的政治目的与意图；有的学者认为资产剥离服务于企业战略，是企业组织结构、业务结构、资产结构重组的有效手段。上述动因的判定决定了资产剥离的经济后果将存在很大差异。受国际金融危机的影响，我国经济下行压力大，国内需求增速放缓，供需矛盾不断凸显。因此，国内企业以“供给侧结构性改革”为目标，谋求转型升级，通过剥离去产能提质增效。在产业转型升级、公司重组效率低下的背景下，管理者越来越多地关注剥离战略的选择以及剥离经济后果的争议性，该领域迫切需要研究者在理论与实践上给予指导。

（3）在研究内容方面，人们多关注资产剥离经济后果研究，对剥离动因和作用机制的研究较少。特别是在我国资本市场不断成熟、公司治理不断完善的背景下，对我国企业剥离动因方面的实证研究尚属空白；财务和战略相互支撑并会对企业价值产生系统性影响，然而人们对资产剥离推动价值创造的多维、多层机制方面的探讨和关注较少。因此，有必要从根本上揭示资产剥离动因，深入、全面地考察资产剥离推动价值创造的内在机制。

（4）在研究视角方面，多数学者侧重于对资产剥离的短期研究，而对资产剥离实施后的持续关注较少，特别是随着时间的推移，基于不同维度下各中介效应的持续性和差异性研究尚属空白，尚未有研究将多期多维机制分析纳入同一分析框架，未能实现资产剥离机制研究的拓展。因此，有必要以多维度、多层面、动态化的视角理解资产剥离影响企业价值的内在机制，为该研究在横向与纵向的内在统一提供经验证据和理论支撑。

与现有文献多关注资产剥离决策影响因素、经济后果等方面的研究不同（唐清泉和李萍，2016；吴剑峰，2009）[1][4]，本书研究体现了"剥离动因—影响机制—经济后果"的有机统一。首先，本书通过建立中介效应模型，基于财务战略维度，着重检验了融资约束、投资效率、战略性资源以及归核化在资产剥离与企业价值关系中的中介作用，不仅厘清了剥离行为与企业战略间的内在逻辑关系，而且从根本上明确企业资产剥离的战略性动因，深化了企业重组行为特别是剥离决策动因的研究。其次，作为一种收缩型战略，实施剥离的企业往往面临一定程度的资源约束。本书从战略性资源构成视角分析在战略转型的过程中，剥离企业如何选择战略性资源以最大限度地实现自身价值的持续提升，进一步丰富了 Vidal & Mitchell（2015）[78]、李萍等（2019）[5] 对资产剥离作用机制的研究。

2.5 资产剥离提升企业价值的机制研究分析框架

社会经济的发展是产业结构不断优化和升级的动态过程。在这一过程中，为适应外部环境的变化，保持自身的竞争优势，企业也需要不断调整其内部资源与能力的组合。本书认为资产剥离是调整企业所有权结构、业务组合结构以及资源优化配置的有效手段。资产剥离不仅是一种财务行为，更是一种战略选择。财务和战略相互支撑，从而对企业价值产生系统性影响，因此本书作者提出资产剥离推动价值创造的基于财务维度与战略维度的双维机制，在财务维度机制分析方面，完成了从融资层面到投资层面的递进；在战略维度机制分析方面，完成了从战略性动因判定到战略转型方式确定的递进。本书的理论研究框架如图 2-1 所示。

财务维度：
融资约束
投资效率
资产剥离
战略维度：
战略转型
（战略性资源投入
转型模式）
（归核化 VS 非归核化）
产权
性质
调节作用
行业
特征
企业价值

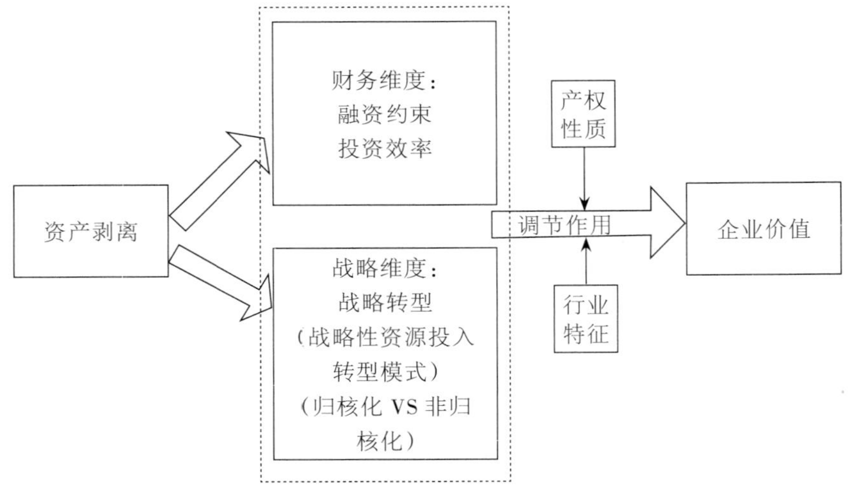

图 2-1 理论研究框架图

第3章　资产剥离对企业价值的影响

前文已经对资产剥离的内涵、动因、影响因素以及经济后果进行了较为详尽的阐述，本章基于先前学者的研究和当前我国企业所处的经济环境，就资产剥离对企业价值的影响展开分析。我国企业正处于转型升级、实现高质量发展的关键时期，资产剥离和业务归核是企业转型升级的起点，那么资产剥离的实施是否能带来企业价值的提升呢？本章将基于不同理论视角，分析资产剥离与企业价值的关系以及资产剥离对企业价值的异质性影响，并展开实证检验。

3.1　理论分析与研究假设

在解释资产剥离的动因理论中，“专业化论”和“效率论”认为资产剥离是企业优化业务组合、提升效率的一种价值创造行为（John & Ofek，1995；Vidal & Mitchell，2015）[77][78]。资产剥离是企业实现归核化战略的有效途径。通过剥离与核心业务不相关的资产，资源得以最大限度地向企业最具竞争优势的业务单元流动，企业核心竞争力得以巩固和发展（Dittmar & Shivdasani，2003）[85]。特别是对于采取多元化战略的企业，归核化战略提升了其内部各业务之间的相关性，有利于多元化成本的降低（Curi & Murgia，2018）[174]。

现有的关于管理和金融的研究主要采用“交易成本理论”和“委托代理理论”来解释资产剥离对企业绩效的影响（Brauer，2006）[59]，尽管存在争议但整体而言，对资产剥离后果的理论预期是较为一致且正向的（Dittmar & Shivdasani，2003；Zhou，2011；Clayton & Reisel，2013；Prezas & Simonyan，2015；Kaprielyan，2016；Vidal & Mithchell，2018）[85][136][165][106][160][159]。交易成本经济学认为，过度多元化公司回归主业的行为与其超额回报正相关。随着企业远离核心业务，企业多元化的边际收益往往会减少，但一些企业仍然会因某些原因而多元化，导致超出其最佳水平。比如，管理者对自身利益的追求（Jensen & Meckling，1976）[180]以及市场波动、信息和控制权旁落等环境变化。因此，如果过度多元化的公司回归主业，那么其业绩将会得到改善。在代理框架下，公司管理层和股东之间的代理冲突可能会导致管理层不愿对某些资产进行剥离，使公司股票的实际价值和潜在价值之间出现差异。剥离的发生可以改变所有权结构，改善多元化企业的内部治理，把管理层激励与企业绩效挂钩，使所有者的利益和管理者的利益更加一致以解决潜在的代理问题（Feldman，2015；Feldman et al.，2019）[158][163]。存在代理问题的公司在转变这些有害行为时会为股东创造价值，推动市场对资产剥离做出积极反应（Ertimur et al.，2011）[181]。

资产剥离是企业资源配置的优化过程（Folta et al.，2016）[167]。资源基础理论认为，企业可以通过增加、删除和（或）重组，不断改变其资源基础（Karim & Capron，2016）[64]。传统理论强调企业的核心竞争力源于资源的异质性，而持续的核心竞争优势则源于资源的不可复制性。不同的资源禀赋以及相应的资源整合能力造就了企业独特的竞争优势。相关文献中明确指出，如果企业能够持续不断地改变其资源基础，那么它们便会成功地生存并发展（Teece，2007；Capron & Mitchell，2009；Helfat & Peteraf，2015）[182]-[184]。

在资源约束框架下，企业可以通过并购和剥离两条路径来进行战略调整以适应不断变化的市场环境。与并购所代表的资源消耗型行为相反，资产剥离是一种资源释放型行为，有助于企业优化资源和能力以实现业务归核和专业化（Kuusela et al.，2017）[185]。对现有资产进行剥离，企业则可以在有限的资源禀赋下实现对新资源的创造与获取。把资产剥离所释放的财务资源与人力资源投向成长性较高的业务领域，可以帮助企业把握新的业务增长点，不断巩固其自身优势。尽管基于不同动因的剥离决策可分为被动的迫于生存压力的剥离、改善短期绩效的战术性剥离以及谋求可持续发展的战略性剥离（Montgomery & Thomas，1988）[69]，然而，面对产业技术变革的加速、行业竞争的加剧，资产剥离已不单单是企业维持生存的战术手段，更是在瞬息万变的外部市场环境预期下，主动求新求变、谋求发展的战略选择（吴剑峰，2009）[4]。战略是目标和策略的有机结合，对企业来说，战略可以把愿景、使命等与企业发展息息相关的因素组合起来，进而形成企业全局性的规划、方针和定位。战略的核心问题是方向的确定和策略的选择，具有整体性、长期性、系统性的特点。因此，从战略的制定到战略的实施以及实施后的融合与效应的发挥直至目标的实现，不是短期的急功近利、一蹴而就，而是需要经历长时间的整合与沉淀才能实现厚积薄发。在李善民和李珩（2003）[12]的研究中，资产剥离和企业财务绩效二者的实证研究结果表明，企业绩效在剥离实施两年之后才有了显著提升，剥离当年、剥离后第1年、剥离后第2年企业的财务绩效并没有发生显著变化。直至剥离后第3年，企业财务绩效才有了大幅提升，资产剥离对上市公司短期绩效的改善作用并不明显（孙春晓，2011）[17]。

如果说并购追求的是1+1>2，那么资产剥离则追求实现N-1>N。并购成功与否很大程度上取决于并购后企业经营、业务、财务以及文化层面的包容与整合。虽然资产剥离与并购这种扩张型战略相反，但是同样作为企业重要的重组方式，两种战略的成功具有内在的一致性。特别是战略性剥离，被剥离的资产往往与企业现存业务存在关联，短时期内仍会对企业的经营与管理产生影响。比如，剥离后企业对剥离前业务流程规范的惯性依赖、固有观念下的组织惰性的延续。

再者，作为收缩型战略，剥离往往伴随着对基础设施的关闭、对现有劳动力的削减。巨大的变革与动荡，在打破组织现有平衡的同时，也会给组织内人员带来心理冲击，挫伤员工的积极性。因此，从打破组织平衡、寻求组织平衡到再次达到组织平衡以及员工积极性的重新调动，需要一个循序渐进的过程。因此，资产剥离对企业财务绩效改善作用的发挥具有滞后性。

尽管资产剥离对企业绩效的影响通常被认为是积极的，但是“经营失败观”和“机会主义观”对资产剥离效应持负面预期。Golder et al.（2018）[129]认为资产剥离意味着企业管理层先前决策的失误，公司在面临窘境时会实施资产剥离。虽然规模较大的多样化企业普遍存在相当的管理难度，然而作为一种收缩型战略，业绩良好的企业往往对资产剥离持保守态度。Peruffo et al.（2018）[162]特别指出，在所有权高度集中的情况下，资产剥离很有可能成为控股股东追逐私利的一种手段，这有悖于企业财富最大化的总体目标，从而产生第二类代理问题。在此情形下，资产剥离交易将为公司及其股东创造更低的价值。从这个角度来看，资产剥离具有消极的一面，会对企业市场表现带来负面影响（Feldman et al.，2019）[163]。鉴于我国的制度背景和公司治理特征，资产剥离可能呈现出与发达国家相反的经济后果（徐虹，2013）[6]。

综合上述分析，作者提出以下假设：

假设3-1：资产剥离的实施能够促进我国上市企业价值的提升。

假设3-2：资产剥离对我国上市企业价值的提升效应具有可持续性。

3.2 研究设计与实证检验

3.2.1 样本选取与数据来源

本书中作者仅对企业上市以后的资产剥离事件进行研究，主要包括上市公司及其子公司，控股公司出售有形资产、无形资产、股权和债权的行为。资产置换、分立和分拆上市不属于本书的研究范畴。本书中作者选取2010—2019年沪深A股上市公司为研究样本，相关数据均来自国泰安数据库和万得数据库。借鉴唐清泉和李萍（2016）[1]的相关研究，本书作者按照以下原则进行数据筛选：（1）剔除资产剥离数据缺失样本；（2）企业在当年只发生了一次重组事件且该重组事件为资产剥离；（3）剔除ST类、ST*类、金融类上市企业以及资产剥离规模小于500万元的样本；（4）将当年发生多次的资产剥离合并为一次。为减少异常值可能造成的干扰，作者对所有变量进行1%和99%的winsorize处理，最终得到了4 593个观测值。

3.2.2 变量定义

（1）资产剥离的测度。

本研究采用企业当年资产剥离的交易金额作为资产剥离的测度标准，并做对数化处理。

（2）企业价值的测度。

考虑到托宾Q值能够反映企业预期的未来利润，并包含了对风险的自动调整，能够很好地反映企业未来的成长，是实证研究中度量企业价值的常用指标。因此，本书中作者采用托宾Q值作为企业价值的测度标准。

在企业价值的研究中，王凤彬和杨阳（2013）[18]、刘建秋和朱益祥（2019）[19]等学者均使用了托宾Q值作为企业价值的测度标准。借鉴上述学者的研究，本书中作者采用托宾Q值来表示企业价值。

（3）控制变量的选取。

根据前文对关于企业价值以及绩效的因素文献的梳理与总结，借鉴李百兴等（2018）[20]的研究，本书对我国上市企业的财务特征以及公司治理特征进行了控制。

偿债能力（Lev）用资产负债率表示。企业偿债能力越强，获得外部融资的机会越大，陷入财务困境的可能性越低。企业更有可能使用资产剥离所得进行增值投资而非仅用于偿还债务。因此，企业的偿债能力与企业价值正相关。

盈利能力（Roe）用净资产收益率表示。一般而言，企业盈利能力越强，其创造现金流的能力就越强，企业价值越高。因此，企业盈利能力与企业价值正相关。

企业规模（Size）用企业年末资产总额的自然对数表示。企业规模越大，越有可能从剥离带来的简化业务流程、精简组织架构的效应中获益；规模越大，也意味着企业管理和运用剥离所得释放资源的能力越强。因此，企业规模与企业价值正相关。

成长能力（Growth）用年营业收入增长率表示，该比率反映了企业的发展能力。营业收入增长率越高，企业主营业务的盈利能力就越强，未来成长性就越高。因此，成长能力与企业价值正相关。

自由现金流情况（Fcf）用“企业现金及现金等价物/资产总额”表示，其与企业价值正相关。

股权集中度（First）以第一大股东持股比例表示。Size表示公司规模，以企业年末资产总计的自然对数表示。Dual表示两职合一，董事长与总经理由一人担任为1，否则取0；Board表示董事会规模；SOE表示产权性质，当上市公司为国有控股时取1，否则取0。此外，作者还控制了公司成立的时间（Age）、行业（Industry）和年度（year）等变量。

3.2.3 模型设计

$$TB_{it} = \alpha_0 + \alpha_1 Zcbl_{it} + \alpha_2 Lev_{it} + \alpha_3 Roe_{it} + \alpha_4 Growth_{it} + \alpha_5 Fcf_{it} + \alpha_6 Size_{it} + \alpha_7 Age_{it} + \alpha_8 SOE_{it} + \alpha_9 Board_{it} + \alpha_{10} Dual_{it} + \alpha_{11} First_{it} + \sum Year + \sum Industry + \varepsilon_{it}$$

（式3-1）

其中，TB为被解释变量，表示企业价值；Zcbl为解释变量，表示资产剥离；α_0为常数项，ε表示扰动项，其余为控制变量。

3.2.4 变量名称及其解释

模型中所涉及的主要变量名称、符号及其解释见表3-1。

表3-1 变量名称、符号及其解释

变量名称	变量符号	变量解释
企业价值	TB	用托宾Q值表示
资产剥离	Zcbl	各年企业资产剥离交易总额取自然对数
偿债能力	Lev	以资产负债率表示
盈利能力	Roe	以净资产收益率表示
成长能力	Growth	以年营业收入增长率表示
现金流状况	Fcf	以经营性现金流量除以资产总额表示
企业规模	Size	以企业年末资产总额的自然对数表示
成立时间	Age	以上市公司成立时间表示
产权性质	SOE	国有控股取1，反之则取0
董事会规模	Board	董事会人数
两职合一	Dual	董事长与总经理由一人担任为1，反之则取0
股权集中度	First	第一大股东持股比例
年度	Year	年度虚拟变量，控制
行业	Industry	行业虚拟变量，控制

资料来源：作者设计所得。

3.3 实证检验

3.3.1 描述性统计

表3-2报告了主要变量的描述性统计结果，从表中可以得出上市公司资产剥离最大值为22.307，最小值为15.585，均值为18.416，表明我国上市公司资产剥离交易金额存在较大差异，且多数上市公司资产剥离交易金额不高。进行资产剥离的样本企业在盈利能力、偿债能力、成长能力、现金流水平、企业成立时间、董事会人数以及第一大股东持股比例等方面都存在较大差异。剥离企业整体规模较大，虽然存在经营较差

的企业，但整体上剥离企业内部经营性现金流均值为正，状况尚可。此外，剥离企业两职合一的概率更小、股权集中度更低，这与文巧甜和郭蓉（2017）[11]的研究结果相一致，它表明CEO权力越大，管理层因自利倾向而在对重组战略进行选择时会规避收缩型战略。因此，上述财务特征或公司治理特征都会影响上市公司资产剥离战略选择，影响企业财务绩效水平。

表3-2 变量描述性统计结果

Variable	N	mean	sd	p25	p50	p75	min	max
TB	4 593	2.036	2.135	0.728	1.398	2.164	0.172	13.371
Zcbl	4 593	18.416	1.564	17.368	18.463	19.570	15.585	22.307
Roe	4 593	0.047	0.127	0.017	0.053	0.1092	−0.749	0.451
Lev	4 593	0.488	0.203	0.324	0.501	0.632	0.063	0.934
Growth	4 593	0.205	0.657	−0.068	0.091	0.258	−0.684	4.774
Fcf	4 593	0.031	0.072	−0.006	0.031	0.0711	−0.264	0.252
Size	4 593	22.218	1.321	21.320	22.091	22.982	19.473	25.931
Age	4 593	2.438	0.589	2.081	2.567	2.894	0.697	3.233
SOE	4 593	0.517	0.450	0.000	1.000	1.000	0.000	1.000
Dual	4 593	0.202	0.402	0.000	0.000	0.000	0.000	1.000
Board	4 593	8.801	1.859	7.000	9.000	9.000	5.000	15.000
First	4 593	33.816	5.051	21.74	31.548	44.751	8.012	72.983

资料来源：作者运用STATA14.0计算获得。

3.3.2 实证结果分析

我国上市公司资产剥离（Zcbl）与当期企业价值（TB）、前推一期企业价值（F1.TB）、前推两期企业价值（F2.TB），以及前推三期企业价值（F3.TB）的回归结果，见表3-3。

表3-3　资产剥离对企业价值影响的回归结果

项目	(1)	(2)	(3)	(4)
	TB	F1.TB	F2.TB	F3.TB
Zcbl	0.058***	0.058***	0.046**	0.020
	(3.21)	(2.78)	(2.63)	(0.90)
Lev	-1.321***	-0.978***	-0.832	-0.818***
	(-9.23)	(-6.17)	(-4.15)	(-4.67)
Roe	0.0113***	0.001***	0.013***	0.009***
	(4.69)	(4.73)	(5.34)	(3.25)
Growth	0.226***	0.146***	0.112**	-0.019
	(5.11)	(3.53)	(2.24)	(-0.37)
Fcf	-1.169	-0.118	0.580	-0.521
	(-0.47)	(-0.31)	(1.38)	(-1.10)
Size	-0.877***	-0.911***	-0.918***	-0.872***
	(-34.58)	(-33.47)	(-30.34)	(-27.29)
Age	0.0179**	0.094**	0.128*	0.287***
	(2.28)	(1.74)	(1.82)	(3.20)
SOE	-0.248***	-0.273***	-0.263***	-0.347***
	(-4.13)	(-4.20)	(-3.69)	(-4.63)
Dual	0.0794	0.115*	0.158**	0.081
	(1.25)	(1.67)	(2.03)	(1.07)
Board	0.0208	0.025*	0.017	0.010
	(1.56)	(1.89)	(1.04)	(0.57)
First	0.007***	0.007***	0.006***	0.006***
	(3.71)	(3.63)	(3.14)	(2.87)
Year	控制			
Industry	控制			
Cons	16.561***	16.561***	21.527***	20.339***
	(35.42)	(35.42)	(31.68)	(27.40)
N	4 593	3 688	3089	2 857
R^2	0.512	0.51	0.515	0.551
R^2_a	0.505	0.478	0.498	0.511
F	43.69	35.72	30.01	26.30

注：括号内为t值，* p<0.1，** p<0.05，*** p<0.01。

资料来源：作者运用STATA14.0计算获得。

表3-3中，列（1）的结果显示，资产剥离与当期企业价值的回归系数为0.058，且在1%的水平上显著，这表明资产剥离的实施对当前我国上市企业价值提升有明显的促进作用，假设3-1得到了验证。此外，控制变量回归结果的经济含义来说，盈利能力越强、成长能力越强、成立时间越长、股权越集中、两职合一的企业，其价值越高；而规模越大、杠杆程度越高、国有化程度越高的企业，其价值越低。

随后，考察资产剥离对企业价值的长期影响。表3-3报告了资产剥离对企业价值长期影响的回归结果。

表3-3中的列（2）—列（4），其结果分别显示了自变量上市公司资产剥离（Zcbl）与前推一期企业价值（F1.TB）、前推两期企业价值（F2.TB）、前推三期企业价值（F3.TB）的回归结果。从表3-3中可以看出，资产剥离与前推一期、前推两期企业价值的回归系数分别为0.058、0.046，分别在1%和5%的水平上显著，假设3-1得到验证。上市公司资产剥离与前推三期的企业价值的回归系数未能通过显著性检验。

综合以上检验结果可知，资产剥离实施的当年、实施后的第1年以及第2年，企业价值显著提升，这表明资产剥离价值提升的作用具有可持续性，从而促进了企业可持续发展目标的实现，假设3-1和假设3-2得到了验证。以上实证检验结果也进一步说明，随着我国资本市场的不断发展和公司治理的逐渐完善，我国上市公司的资产剥离不再仅以短期自保为目的，而是以战略性资产剥离为主。资产剥离是企业基于业务调整、效率提升的一种战略选择。通过对冗余资源以及不良资源进行剥离，企业得以最大限度地使资源向自身最具竞争优势的业务单元流动。

3.4 稳健性检验

为确保研究结论的稳健性，本研究进行了以下稳健性检验。

3.4.1 改变关键变量测度的稳健性检验

采用ROA指标和ROE指标作为企业价值的测度方法重新对式3-1进行检验。如果式3-1中企业价值度量指标存在误差，那么研究结果的准确性难以得到保障，相关研究就难以客观揭示资产剥离的真正经济效应。为避免因指标选取而带来的实证结果的差异性，本书选取代表企业价值的会计收益指标的总资产收益率（ROA）和净资产收益率（ROE）替代托宾Q值（TB）作为企业价值度量指标，进行样本的稳健性检验。检验结果见表3-4和表3-5。

表3-4　以ROA作为企业价值测度标准的稳健性检验结果

项目	（1）	（2）
	ROA	ROA
Zcbl	0.001*	0.002**
	（1.95）	（2.39）
Lev		-0.101***
		（-21.58）
Growth		0.008***
		（7.32）
Fcf		0.155***
		（13.41）
Size		0.008***
		（8.90）
Age		0.002
		（1.31）
SOE		-0.008***
		（-3.69）
Dual		-0.006***
		（-2.88）
Board		-0.0001
		（-0.20）

续表

项目	(1)	(2)
	ROA	ROA
First		0.0002***
		(3.70)
Year	控制	
Industry	控制	
Cons	−0.016	−0.155***
	(−0.93)	(−8.06)
N	4 593	4 593
R^2	0.061	0.247
R^2 _a	0.045	0.223
F	3.317	13.939

注：括号内为t值，* p<0.1，** p<0.05，*** p<0.01。

资料来源：作者运用STATA14.0计算获得。

表3-5 以ROE作为企业价值测度标准的稳健性检验结果

项目	(1)	(2)
	ROE	ROE
Zcbl	0.001*	0.002**
	(1.80)	(2.41)
Lev		−0.103***
		(−21.69)
Growth		0.009
		(8.70)
Fcf		0.159***
		(13.18)
Size		0.008***
		(9.47)

续表

项目	(1)	(2)
	ROE	ROE
Age		0.001
		(0.660)
SOE		−0.009***
		(−4.11)
Dual		−0.006**
		(−5.49)
Board		−0.0003
		(0.58)
First		0.0002***
		(3.55)
Year	控制	
Industry	控制	
Cons	−0.012	−0.159***
	(−0.68)	(−8.09)
N	4 593	4 593
R^2	0.063	0.259
R^2_a	0.046	0.228
F	3.481	14.587

注：括号内为t值，* p<0.1，** p<0.05，*** p<0.01。

资料来源：作者运用STATA14.0计算获得。

表3-4是以ROA替代托宾Q值的回归结果，回归（2）是在回归（1）的基础上加入控制变量后，对资产剥离与企业价值的关系进行检验。结果显示，资产剥离与企业价值的回归系数分别为0.001和0.002，分别在10%和5%的水平上显著。

表3-5是以ROE替代托宾Q值的回归结果。回归（2）是在回归（1）的基础上加入控制变量对资产剥离与企业价值的关系进行检验。结果表明，资产剥离与企业价值的回归系数分别为0.001和0.002，分别在10%和5%的水平上显著。由此可知，无论是以总资产收益率（ROA）还是以净资产收益率（ROE）作为企业价值的测度标准，其结果都表明资产剥离与企业价值之间的关系仍与上文检验结果一致，相关假设得到了支持。

3.4.2 遗漏重要变量导致内生性问题的稳健性检验

遗漏重要变量导致的内生性问题会对实证结果的准确性和客观性产生影响。因此，参考陈志斌等（2017）[21]的做法，作者用资产剥离的滞后一期作为工具变量进行2SLS回归。表3-6报告了自变量滞后一期作为工具变量的回归结果。

表3-6 2SLS稳健性检验结果

项目	（1）	（2）
	第一阶段	第二阶段
L.Zcbl	0.217***	
	（0.05）	
Zcbl		0.409**
		（0.21）
Lev	0.043	-1.699***
	（0.17）	（0.27）
Growth	0.020	-0.005
	（0.01）	（0.02）
Fcf	-1.380***	-1.658**
	（0.43）	（0.72）
Age	0.268***	0.170
	（0.09）	（0.16）

续表

项目	(1)	(2)
	第一阶段	第二阶段
SOE	-0.072	-0.390***
	(0.09)	(0.14)
Dual	0.141	0.011
	(0.01)	(0.17)
Board	0.003	0.018
	(0.03)	(0.03)
Size	0.420***	-1.085***
	(0.02)	(0.13)
First	0.002	0.007
	(0.003)	(0.005)
Cons	4.410***	19.800***
	(0.69)	(1.48)
N	1 528	1 528
R^2_a	0.301	0.398

注：括号内为t值，* p<0.1，** p<0.05，*** p<0.01。

资料来源：作者运用STATA14.0计算获得。

表3-6中，列（1）为资产剥离滞后一期（L.Zcbl）作为工具变量时，资产剥离对企业财务绩效（ROA）的2SLS方法下的回归结果，回归系数为0.217，且在1%的水平上显著。列（2）为资产剥离（Zcbl）对企业价值（TB）的2SLS方法下的回归结果，回归系数为0.409在5%的水平上显著为正，假设3-1得到了进一步验证。可见，在考虑样本自选择和遗漏重要变量导致的内生性问题后，资产剥离的实施依然可以显著提升企业价值。

3.4.3 样本自选择导致内生性问题的稳健性检验

考虑到企业实施剥离的时间不同，借鉴王康等（2019）[22]的成果，作者采用双重差分匹配模型（DID-PSM）检验资产剥离对企业价值的提升效应。采用PSM方法重新匹配好的“新样本”可消除企业异质性带来的样本选择偏差，然后通过DID方法消除由于遗漏变量带来的内生性问题，这样的估计结果就是资产剥离对企业价值的“净影响”。

其中，企业发生资产剥离当年及以后年度的DID取值为1，为处理组；否则取值为0，为控制组。首先，作者通过循环检验选择了资产规模（Size）、偿债能力（Lev）、盈利能力（Roe）、自由现金流（Fcf）、股权集中度（First）、董事会规模（Board）等作为倾向得分匹配的协变量，然后估计倾向得分、构造平衡样本。在此基础上，将剥离前的样本企业与剥离后的样本企业进行匹配，发现其ATT值为2.31，大于临界值1.96，表明资产剥离的实施对企业价值的提升有促进作用。

3.4.4 面板固定效应稳健性检验

面板固定效应的稳健性检验结果见表3-7。考虑到公司个体特征差异可能对研究结论产生影响，本书中作者对年度和个体公司特征进行控制，再次回归式3-1，资产剥离与企业价值的回归系数在5%的水平上仍显著为正。

表3-7 面板固定效应的稳健性检验结果

项目	TB
Value	0.070** (2.58)
Lev	-1.648*** (-8.64)
Growth	0.0001 (0.07)

续表

项目	TB
Fcf	−0.925** (−3.00)
Size	−0.925*** (−29.01)
Age	0.179*** (3.14)
SOE	−0.365*** (−4.92)
Dual	0.112 (1.25)
Board	0.268 (1.39)
First	0.009*** (3.79)
Roe	−0.001 (−0.73)
时间固定效应	控制
个体固定效应	控制
Cons	21.793*** (33.87)
N	4 593
F	65.78

注：括号内为t值，* $p<0.1$，** $p<0.05$，*** $p<0.01$。

资料来源：作者运用STATA14.0计算获得。

3.4.5 以剥离前后企业价值变化量作为被解释变量的稳健性检验

企业价值变动量作为被解释变量的稳定性检验结果见表3-8。为使研究结论更为稳健，本书使用剥离前后企业价值变化量作为被解释变量，再次进行回归。结果表明，资产剥离与企业价值增量的回归系数仍为正，并且在10%的水平上显著，与剥离前相比，剥离后企业价值得到提升。

表3-8 **企业价值变动量作为被解释变量的稳健性检验结果**

项目	ΔTB
Zcbl	0.060* (2.31)
Lev	-0.328 (-1.76)
Roe	-0.008*** (-7.81)
Growth	-0.002 (-1.91)
Fcf	-0.529 (-1.61)
Size	-0.159** (-2.57)
Age	0.209** (2.48)
SOE	-0.082 (-0.97)
Dual	0.053 (0.61)
Board	0.044* (2.19)
First	0.004 (1.50)

续表

项目	ΔTB
Year	控制
Industry	控制
Cons	-0.448 (-0.58)
N	4 593
R^2	0.217
R^2_a	0.179
F	9.82

注：括号内为t值，* p<0.1，** p<0.05，*** p<0.01。

资料来源：作者运用STATA14.0计算获得。

3.5 拓展性分析：产权性质和行业特征的调节作用

很多研究都表明，企业异质性一般会对企业重组绩效产生重要影响。因此，本节将进一步实证检验资产剥离对企业价值的异质性影响，包括所有制性质以及行业特征因素在资产剥离与企业价值二者关系中的调节作用。旨在发掘资产剥离战略的优势与劣势，最大限度地实现资产剥离的价值提升效应。

3.5.1 产权性质

我国学者将上市公司资产剥离问题纳入到中国的制度背景中，考虑了产权性质对上市公司资产剥离绩效的影响。尽管国有企业改革已经在管理层业绩和企业绩效之间建立了联系，但国家对企业某些经营领域的高度干预仍可能导致与企业资产剥离相关的代理问题频繁发生。这些具有中国特色的企业所有权结构需要重新审视与代理冲突有关的“分离和控制”问题。鉴于我国特殊的制度背景和公司治理特征，资产剥离可能呈现出与发达国家相反的经济后果（徐虹，

2013）[6]。

在我国国有企业中，国家作为控股股东，往往追求与私人股东不一致的目标。非国有股东追求利润最大化，而国有股东更关心社会政治事务，如充分就业，政治稳定和社会公平（曾庆生和陈信元，2006）[23]，政府有动机将财富转移到公共利益上。鉴于资产剥离通常伴随着重组和裁员，在国有控股上市公司中，对不利于公共利益的资产剥离进行规避的倾向很强。上市公司与地方经济以及政府官员的政绩息息相关，企业剥离等重大重组决策不可避免地会受到政府的干预，甚至会发生政府主导的资产剥离。政府的干预很可能使企业偏离通过资产剥离优化资源配置的目标，因此资源配置效率在国有企业与非国有企业之间存在差异。由此看来，资产剥离对企业价值的影响将因产权性质的差异而有所不同。按产权性质分组的描述性统计结果见表3-9。

表3-9　　按产权性质分组的描述性统计结果

Var	N	mean	sd	min	p25	p50	p75	max
Panel 1：SOE=0								
TB	2 218	2.711	2.236	0.172	1.279	2.068	3.337	13.373
Zcbl	2 218	18.217	1.464	15.585	17.247	18.209	19.395	22.307
Panel 2：SOE=1								
TB	2 375	1.638	1.633	0.172	0.627	1.1625	2.011	13.373
Zcbl	2 375	18.493	1.513	15.585	17.488	18.615	19.597	22.307

资料来源：作者运用STATA14.0计算获得。

表3-9中，Panel 1、Panel 2分别列示了产权性质为非国有和国有的样本公司价值以及资产剥离情况。从表3-9中可以看出，在实施资产剥离4 593个年度样本观测值中，2 218个为非国有控股样本观测值，2 375个为国有控股样本观测值，国有控股企业与非国有控股企业数量相当。对比产权性质为国有和非国有上市公司企业价值的状况可以发现，非国有上市公司企业价值的最大值为13.373，最小值为0.172，均值为2.711。国有上市公司企业价值最大值及最小值与非国有公司相同，

但均值为1.638，总体低于非国有企业。可能是区别于非国有控股股东追求利润最大化的目标，而国有企业承担了许多诸如就业保障、政治稳定等政策性目标。由于资产剥离的实施往往伴随着裁员，因此国有企业一般不会轻易采取该战略。另外，非国有企业与国有企业资产剥离金额的均值、最大值与最小值相当，无明显差异。

3.5.2 行业特征

在鲁桐和党印（2014）[24]的研究中，研究者们使用聚类分析法，依据行业的要素密集情况将行业划分为劳动密集型、资本密集型和技术密集型三类①，见表3-10。

表3-10 **按要素密集度的行业分类**

劳动密集型		资本密集型	技术密集型
A农林牧渔业	E建筑业	C3造纸、印刷	C5电子
B采掘业	F交通运输、仓储业	C4石油、化学、塑胶、塑料	C7机械、设备、仪表
C0食品、饮料	H批发和零售贸易	C6金属、非金属	C8医药、生物制品
C1纺织、服装、皮毛	L传播和文化产业	J房地产业	C9其他制造业
C2木材、家具	M综合类	K社会服务业	G信息技术业
D电力、煤气及水的生产和供应			

资料来源：鲁桐和党印（2014）。

由于劳动密集型、资本密集型以及技术密集型三大行业在生产方式、市场规模、资本运营、人才培育等属性方面都存在很大差异，因此资产剥离的价值提升效应也将受到行业特征因素的影响。按行业特征分

① 其分类指标为固定资产比重和研发支出比重，其中，式1：固定资产比重=固定资产净值/总资产；式2：研发支出比重=研发支出/应付职工薪酬。式1可用来区分生产要素中固定资产的重要程度，比值越大，表明资本越重要，属于资本密集型行业；式2可用来区分研发支出在生产要素中的重要性，如研发支出大于职工薪酬，则表明技术要素比劳动要素更重要，属于技术密集型，剩余为劳动密集型行业。

组的描述性统计结果见表3-11。

表3-11 按行业特征分组的描述性统计结果

Var	N	mean	sd	min	p25	p50	p75	max
Panel 1：劳动密集型								
TB	1 235	1.903	1.739	0.184	1.281	0.772	1.393	10.120
Zcbl	1 235	18.458	1.417	15.624	17.461	18.393	19.421	21.828
Panel 2：资本密集型								
TB	1 425	1.887	1.891	0.172	0.725	1.345	2.343	11.739
Zcbl	1 425	18.642	1.569	15.614	17.448	18.579	19.758	22.307
Panel 3：技术密集型								
TB	1 933	2.697	2.326	0.298	1.193	2.001	3.412	13.371
Zcbl	1 933	18.198	1.459	15.585	17.167	18.140	19.171	22.218

资料来源：作者运用STATA14.0计算获得。

表3-11中，Panel 1、Panel 2和Panel 3分别列示了劳动密集型、资本密集型和技术密集型行业的样本公司价值以及资产剥离情况。从表3-11中可以看出，在实施资产剥离的4 593个年度样本观测值中，1 235个观测值属于劳动密集型行业，1 425个观测值属于资本密集型行业，1 933个观测值属于技术密集型行业。与劳动密集型、资本密集型行业相比，资产剥离多发生在技术密集型行业，且实施剥离的企业整体价值较高。按产权性质和行业特征分组的回归结果见表3-12。

表3-12 按产权性质和行业特征分组的回归结果

项目	(1)	(2)	(3)	(4)	(5)
	非国有	国有	劳动密集型	资本密集型	技术密集型
Zcbl	0.096**	0.009	0.032	0.068**	0.0891***
	(2.11)	(0.254)	(0.94)	(2.19)	(2.81)
Lev	0.617***	0.801***	-2.397***	-1.042	-1.493***
	(4.39)	(5.06)	(-9.97)	(-4.24)	(-6.25)
Roe	0.049	0.352***	0.008**	0.001	0.0189***
	(0.27)	(4.48)	(2.21)	(0.42)	(4.65)

续表

项目	(1)	(2)	(3)	(4)	(5)
	非国有	国有	劳动密集型	资本密集型	技术密集型
Growth	-0.001	0.007	0.144**	0.218***	0.289***
	(-0.41)	(0.65)	(2.35)	(4.17)	(3.10)
Fcf	0.922	-2.694***	1.657***	-1.956***	1.426**
	(1.39)	(-6.63)	(2.74)	(-3.68)	(2.14)
Size	-1.634***	-0.831***	-0.653***	-0.912***	-1.111***
	(-26.59)	(-18.19)	(-15.86)	(-21.07)	(-23.14)
Age	0.3984***	-0.071	0.072	0.190**	0.150*
	(3.63)	(-0.60)	(0.87)	(2.19)	(1.74)
Dual	0.082	0.114	0.151	0.094	0.053
	(0.60)	(0.725)	(1.29)	(0.83)	(0.49)
Board	0.049	-0.019	0.008	0.007	0.051**
	(1.24)	(-0.73)	(0.47)	(0.28)	(2.12)
First	0.019***	0.003	0.004	0.005	0.008***
	(4.07)	(0.98)	(1.31)	(1.97**)	(2.33)
Year	控制				
Industry	控制		劳动密集型	资本密集型	技术密集型
Cons	31.643***	19.375***	15.318***	19.232***	21.026***
	(21.38)	(19.15)	(18.69)	(22.47)	(24.69)
N	2 218	2 375	1 235	1 425	1 933
R^2	0.453	0.365	0.512	0.505	0.460
R^2_a	0.424	0.339	0.490	0.497	0.453
F	16.337	13.883	50.13	58.77	67.66

注：括号内为t值，* p<0.1，** p<0.05，*** p<0.01。

资料来源：作者运用STATA14.0计算获得。

表3-12报告了不同产权性质和不同行业特征下的资产剥离对企业价值影响的回归结果。对比列（1）和列（2）的回归结果可知，当上市

公司产权性质为非国有时，资产剥离与企业价值的回归系数为0.096，且在5%的水平上显著；当上市公司产权性质为国有时，资产剥离与企业价值的回归系数为0.009，且未通过显著性检验。此外，根据似不相关估计检验（suest）结果，组间系数差异：chi2（1）=3.00，Prob>chi2=0.083，在国有控股和非国有控股组中，资产剥离与企业价值的回归系数在10%的水平上存在显著差异。以上结果表明，与国有企业相比，资产剥离更能够促进非国有企业价值的提升，相关假设得到了验证。

对比列（3）—列（5）的回归结果可知，当企业属于劳动密集型行业时，资产剥离与企业价值的回归系数为0.032，未能通过显著性检验。当企业属于资本密集型行业时，资产剥离与企业价值的回归系数为0.068，且在5%的水平上显著；当企业属于技术密集型行业时，资产剥离与企业价值的回归系数为0.0891，且在1%的水平上显著。以上结果说明，相较于劳动密集型企业，资产剥离对资本密集型企业和技术密集型企业具有更大的价值创造效应。作者进一步分析了资产剥离对资本密集型与技术密集型企业的影响差异。根据似不相关估计检验（suest）结果，组间系数差异：chi2（1）=1.19，Prob>chi2=0.307，在资本密集型和技术密集型组中，资产剥离与企业价值的回归系数并未通过显著性检验。以上结果表明，无论企业是属于资本密集型行业还是技术密集型行业，资产剥离对企业价值的影响并无明显差异。

3.6 本章小结

本章选取2008—2017年沪深A股发生资产剥离的上市公司的经验数据，实证检验了资产剥离对上市公司价值的动态影响以及所有制性质和行业特征对二者关系的调节效应。研究发现，资产剥离的实施能够有效促进企业价值的提升，并且该价值提升效应具有一定的持续性。具体表现为：资产剥离实施的当年、剥离后第一年以及剥离后的第二年，企业价值均有显著提升。然而，从剥离后第三年开始，资产剥离对企业价值的促进作用未通过显著性检验。针对变量测度偏差、样本自选择、遗漏重要变量等，作者特别采用了改变被解释变量测度标准、面板数据工具变量法、双重差分匹配（DID-PSM）模型、固定效应回归等方法进行检验，研究结论依然稳健。

此外，考虑到不同产权性质、不同行业类型的上市公司资产剥离活动会呈现出不同的特点，从而对企业价值产生异质性影响。本书按照是否为国有企业、是否为劳动密集型行业、是否为资本密集型行业、是否为技术密集型行业等对研究对象进行分组检验。结果显示：（1）无论是否为国有企业，资产剥离均与企业价值正相关。然而，资产剥离的实施并未对国有上市企业价值产生显著影响；与国有上市企业相比，资产剥离能够显著促进非国有上市企业价值的提升。（2）无论企业属于劳动密集型企业、资本密集型企业，还是技术密集型企业，资产剥离均与企业价值正相关。属于劳动密集型行业的企业，资产剥离对企业价值的影响并不明显。相比之下，属于资本密集型和技术密集型行业的企业，资产剥离的实施能够对企业价值的提升带来明显的促进作用。

资产剥离对企业价值的持续提升效应表明，资产剥离不仅是企业重要的财务活动，更是企业提升长期绩效、实现可持续发展的战略选择。一方面，资产剥离可能代表了企业“归核化”的战略转型。通过剥离与主营业务不相关的资产、提升企业专业化程度，企业得以最大限度地实现资源优化配置，从而强化并发展企业的核心竞争优势。另一方面，资产剥离是企业在资源约束下，实施战略调整的途径。产业技术变革的加速、行业竞争的加剧使得企业主动进行边界调整，以达到资源与能力组合的最优状态。因此，当企业面临融资约束时，资产剥离可能代表了企业从一个市场退出的同时，向着另一个市场进入，即企业实现向新业务、新领域的战略调整行为。此外，无论是何种所有制性质的企业，无论该企业属于何种行业类型，企业都应积极采用剥离战略，推动企业价值的不断提升。

基于资产剥离对企业价值的持续提升效应，后续有必要就资产剥离推动价值创造的内在机理展开进一步研究，以揭示资产剥离发挥效应的关键动力源。

第4章　资产剥离、融资约束与企业价值

本书第3章在分析资产剥离对企业价值动态影响的基础上，实证检验了资产剥离与企业价值之间的关系。研究结果显示，资产剥离的实施能够有效促进企业价值的提升，并且该价值提升效应具有可持续性，产权性质和行业特征在资产剥离与企业价值之间发挥了调节作用。由此可见，资产剥离是企业基于业务调整、效率提升的一种价值创造行为。基于此，有必要进一步厘清资产剥离发挥效应的作用机制。依据前文对资产剥离动因理论的分析，本章将从财务维度，将融资约束作为中介变量，构建方程，对“资产剥离—融资约束—企业价值”的路径进行检验，揭示资产剥离推动价值创造的长效机制。

4.1　机制的理论分析与研究假设

4.1.1　资产剥离与融资约束

“融资论”认为改善财务状况、调整债务结构是企业进行剥离决策

的重要动因，业绩不佳的企业以及负债水平较高的企业在剥离市场上最为活跃。资产剥离的实施能够有效缓解企业融资约束。在信息不对称的情况下，资产剥离成为企业外部融资方式的有效替代（Shleifer & Vishny，1994）[92]。

市场不完全条件下的信息不对称以及企业内部可能存在的严重的代理问题是企业融资约束的两大重要原因。当资本市场不够完善时，由于存在信息不对称，企业外部投资者可能会降低购买风险证券的价格或者要求企业为其投入的资金支付溢价，从而导致企业外部融资成本增加，这将影响企业从外部融得资金的便利性，进而产生融资约束（Myers & Majluf，1984；Fazzari et al.，1988）[70][71]。由于资本市场的不完善和低效率，企业不得不以出售资产的方式来缓解其面临的融资约束。由于信息不对称，企业难以从资本市场获取资金。由于资产出售是一种买卖双方的私下交易行为，与公开发行债券和股票相比，其融资成本更低，因此在外部融资通道受阻的情况下，通过对资产进行剥离，备受融资约束的企业可以从中获得最为廉价的资本，满足企业对流动性的需求，从而缓解企业融资约束（Shleifer & Vishny，1994）[92]。信息不对称使得评估企业的某项资产要比评估整个企业容易得多。虽然剥离本身提供的资金非常有限，但是对创新型企业来说，出售有形资产所带来的现金流入能够使企业启动或加快对关键无形资产的研发。这将缓解创新型企业的融资约束，避免因资金不足而错失投资机会（Borisova & Brown，2013）[97]。与此同时，资产剥离的实施也可能预示着获利丰厚项目的终结以及新一轮投资战略的开始，从而使资产剥离收益被配置到未来成长机会所需的财务资源和人力资源中（Hovakimian & Titman，2006）[96]。

“低估值论”认为，资产剥离可以降低信息不对称，起到缓解融资约束的作用。资产剥离通过修正市场对企业的估值、降低企业信息不对称，使企业在资本市场的融资活动变得容易。过度多元化的企业业务横跨多个行业或地区，组织结构较复杂，为管理者隐藏企业真实信息提供了便利，投资者出于谨慎心理，通常会低估企业价值。信息理论认为，主业清晰的企业更容易提供真实完整的信息，而信息的充分性为合理评估企业价值提供了必要保障。因此，若企业拥有过多的业务，则会干扰市场对企业的估值。通过将资产或业务部门剥离，可以突出企业的主营业务，使市场能更准确地对企业进行评估，从而减轻信息不对称下出现的逆向选择问题。资产剥离有利于低估值企业获得市场对其的公允定价，便利了日后企业在资本市场的融资。此外，通过对剥离方式的选择，还有可能帮助高估值企业利用市场机会获得丰厚的资产出售溢价，融通更多的资本（Prezas & Simonyan，2015）[106]。

根据“信号传递理论”，资产剥离通常被认为是企业经营失败的无奈之举，此时投资者出于风险补偿心理，会提高资金回报率，这将进一步加剧企业融资约束。作为一种收缩型战略，业绩较好的企业对剥离往往持保守态度（Anjos，2010）[114]。企业在剥离前往往经历了一段业绩不佳的时期，剥离也往往发生在流动性问题较为明显的时期之后（Campello et al.，2009）[93]。虽然企业实施剥离是为了应对由于业绩恶化导致的财务风险。然而，资产负债率高的企业将剥离所得用于偿还债务，能够在一定程度上满足绩效不佳企业刚性支付的需求，改善企业流动性水平，降低违约成本和代理成本，帮助企业摆脱财务困境（Bates，2005）[99]。

根据“威胁—刚性”假说（Staw & Dutton，1981）[186]，盈利能力较弱或亏损的企业生存压力较大，很可能由于资金链断裂而引发破产，这类企业大多处于资金短缺状态，而资产剥离可以使企业释放现金资源，缓解经营不善给企业带来的负面冲击（Chen & Miller，2007）[187]。因此，对于业绩不佳的企业而言，资产剥离极有可能代表了企业经营的恶化以及管理层对企业前景的悲观预期。特别是当企业所剥离的资产与其核心业务相关时，极有可能表明企业正在逐步丧失核心竞争力，经营状况严重恶化、濒临破产。即便是业绩较好的企业，由于信息不对称，资产剥离的实施也可能被投资者视为经营不佳的表现，导致企业难以从资本市场获得资金。此外，在资产剥离交易中，不同于财务实力雄厚的企业能够以强势地位主导谈判，剥离企业往往难以获得更大份额的卖方溢价（Alexandrou & Sundarsanam，2001）[188]。由于面临生存压力与破产风险威胁的困境，业绩不佳的企业在剥离交易中往往处于弱势地位，对资金的迫切需求极有可能导致企业将资产以低于市价的金额出售。虽然资产剥离所得能够解燃眉之急，但是事实上却进一步使企业经营状况恶化、经营风险加剧。资产剥离如同饮鸩止渴，不仅无法改善企业的流动性水平，反而会使企业陷入恶性循环，对企业价值造成损害。

与此同时，剥离前业绩不佳的企业往往伴随着公司治理水平的恶化、代理问题的加剧，而代理成本会影响到公司外部融资成本。Peruffo et al.（2018）[133] 特别指出，在中小股东保护制度较为薄弱的背景下，资产剥离很有可能是大股东的寻租行为。在所有权高度集中的情况下，资产剥离很有可能成为控股股东追逐私利的一种手段，有悖于企业财富最大化的总体目标，从而产生第二类代理问题。在此情形下，资产剥离交易将为公司及其股东创造更低的价值。Jensen & Meckling [180] 早在1976年就指出代理成本会影响公司外部融资成本，我国企业投资者保护制度薄弱加上一股独大的内部治理模式使得第二类代理问题也格外突出。股权高度集中，董事与管理层的高度重叠给予了控股股东侵蚀中小股东利益的动机和能力。融资约束也会因控股股东与中小股东间的利益冲突产生（Almeida & Wolfenzon，2006）[189]。受自利动机的驱动，企业权利主体基于自我立场在资源配置决策中可能通过关联交易的方式完成对企业的掏空。基于此，业绩水平较差的企业实施资产剥离，特别是连续的资产剥离，极有可能代表了企业控制人的掏空行为。控股股东的掏空行为会降低公司价值、增加公司陷入财务困境的概率（苏坤等，2010）[25]。当外部投资者意识到企业内部人员可能会侵蚀其自身利益时，出于避险情绪，就会减少投资规模甚至停止投资，进一步推升企业股权与债务融资成本（Luo et al.，2015）[190]。

基于上述分析可知，“融资论”和“低估值论”都预期资产剥离能够有效缓解企业融资约束。“融资论”认为，在信息不对称的情况下，资产剥离作为企业证券融资方式的替代品，能够有效缓解企业融资约束。“低估值论”指出，资产剥离可以通过降低信息不对称水平提升企业估值，从而极大地提升企业通过资本市场融资的可能。“信号传递理论”和“掏空理论”则认为资产剥离向市场传递了企业经营失败的信号，并往往伴随着公司治理水平的恶化、代理问题的加剧。同时，资产剥离的实施很有可能代表了企业实际控制人的“掏空行为”。外部投资者预期投资风险加大，投资意愿随之降低，进而导致公司股权和债务融资成本上升。

因此，若资产剥离行为以“融资效应”和“估值效应”为主，则会起到缓解企业融资约束的作用；若资产剥离行为以“信号传递效应”和“掏空效应”为主，则会加剧企业融资约束。

4.1.2 融资约束与企业价值

融资约束会对企业价值产生直接的影响，该影响体现在企业的投资机会、成长性、生产效率以及研发创新等方面。然而，对于融资约束状态所产生的实际经济效应，现有研究尚未达成一致。

一方面，根据融资约束理论，当企业外部融资成本增加，融资渠道受阻时，企业由于无法获得投资项目所需的全部资金，从而错失净现值为正的投资项目，导致投资无法达到最优水平（Fazzari et al., 1988）[71]。融资约束造成我国高新技术上市公司乃至整个企业集团的研发投入不足（卢馨等，2013）[26]，从而对公司技术效率的提升以及生产率的增长产生明显的抑制作用（何光辉和杨咸月，2012；陈海强等，2015）[27][28]。

另一方面，相反的观点认为融资约束有助于推动企业生产效率、管理效率以及投资效率的提升。在融资约束的条件下，为避免经营困境的发生，公司管理层有较为强烈的意愿通过提升管理效率和组织灵活性等途径，来优化企业生产经营投资活动，以尽可能减少融资约束产生的负面效应（Sena，2006）[191]。企业融资越困难，就越有可能提高资金配置效率，越有可能提升自身生产率（邓可斌和林映丹，2015）[29]；企业融资越困难，就越有可能严格筛选投资项目，确保投资的成功（Aggarwal & Samwick，2006）[192]。同时，有研究表明融资约束带来的正负效应均会对企业技术效率产生影响，最终结果取决于净效应（陈海强等，2015）[28]。融资约束与企业创新绩效之间存在倒U形关系。融资约束对企业创新的正面效应和负面效应同时存在，在不同程度的融资约束程度下表现为以某种效应为主（孙博等，2019）[30]。

由此可知，融资约束对企业价值的影响取决于其导致的资源配置效应和资源约束效应相抵后的净效应，而在不同融资约束程度下表现为以某种效应为主。当企业融资约束程度较低时，随着企业融资约束程度的提高，企业会更加珍惜手中的资源，优选投资项目，把剥离所释放的资源投入到高质量的机会中，尽可能提高资源的配置效率。此时，资源的适度“约束”更有可能促使管理层“艰苦奋斗”。同时，融资约束在缓解代理问题、强化管理层自律、抑制过度投资、减少规模不经济等方面同样发挥了积极的作用。当企业的融资约束程度较高时，由于缺乏资金，企业会把所有资金都用于投资，挤压了管理层“在职消费”的空间。因此，即便融资约束程度较高，企业投资行为也不会因其内部存在的代理问题而受到负面影响（屈文洲等，2011）[31]。在上述情形下，融资约束的资源配置正效应大于资源约束的负效应，净效应为正。企业价值会随着融资约束程度的提高而增加。

综上所述，资产剥离既可能通过缓解融资约束也可能通过加剧融资约束对企业价值产生影响，因此作者提出以下假设：

假设4-1：资产剥离的实施通过缓解融资约束，对企业价值产生正向影响。

假设4-2：资产剥离的实施会加剧融资约束。随着融资约束的加剧，资源配置正效应大于资源约束负效应，从而对企业价值产生正向影响。

4.2 研究设计

4.2.1 样本选取与数据来源

本书仅对企业上市以后的资产剥离事件进行研究，主要包括上市公司及其子公司、控股公司出售有形资产、无形资产、股权和债权的行为。资产置换、分立和分拆上市不属于本书的研究范畴。本书中，作者采用2010—2019年沪深A股上市公司为研究样本，相关数据均来自国泰安数据库和万得数据库。借鉴唐清泉和李萍（2016）[1]的相关研究，本书中作者按照以下原则进行数据筛选：（1）剔除资产剥离及数据缺失样本；（2）企业在当年只发生了一次重组事件且该重组事件为资产剥离；（3）剔除ST类、ST*类、金融类上市企业以及资产剥离规模小于500万元的样本；（4）将当年发生多次的资产剥离合并为一次。为减少异常值可能造成的干扰，作者对所有变量进行1%和99%的winsorize处理，最终得到了4 593个观测值。

4.2.2 变量测度与定义

（1）被解释变量。本节将考察我国上市公司资产剥离对企业价值影响的内在机制，因此仍选取托宾Q值（TB）作为企业价值的测度标准。

（2）解释变量。本节仍选取资产剥离（Zcbl）作为解释变量。

（3）中介变量。融资约束（Abs_SA）是本节研究的中介变量。考虑到中国的制度环境，采用Hadlock & Pierce（2010）[193]所构建的SA指数作为融资约束的测度标准。SA指数完全由企业规模和年龄两个外生变量决定，很大程度地克服了KZ指数、WW指数由于包含内生变量导致的测度偏差。SA指数：−0.737Size + 0.043 Size·Size − 0.04Age用来反映上市公司融资约束程度，其中，Size=ln（企业资产总额/1 000 000元），Age为公司的上市年限。SA计算结果为负值，值越大表明企业融资约束程度越高。Abs_SA是对SA取绝对值，Abs_SA值越大，表示企业融资约束程度越低。

目前，融资约束有多种测度方法，主要有构建模型法、单变量法、构建相关指数法、单指标法。

①采用投资—现金流敏感系数测量融资约束程度。

Fazzari et al.（1988）[71]认为，由于信息不对称、资本市场不完善，多数企业会面临融资约束，这将导致企业投资支出对现金流的敏感性较强，因此融资约束可以在一定程度上用“投资—现金流敏感度”来表示。马国臣等（2008）、姜付秀等（2016）[32][33]用“投资—现金流敏感度”作为企业融资约束的替代变量，投资—现金流敏感系数模型如下：

$$\left(\frac{I}{K}\right)_{it} = f\left(\frac{X}{K}\right)_{it} + g\left(\frac{CF}{K}\right)_{it} + \mu_{it} \quad \text{（式4-1）}$$

其中，I表示企业i在期间t内固定资产净值的变化值，X表示投资决定因素的变量向量，K表示该企业的期初股本，$f(X/K)_{it}$表示企业成长机会，用托宾Q值替代，CF_{it}表示企业i在t期的经营活动现金流量。g表示企业投资对内部现金流的敏感性。若投资与现金流回归系数显著为正，则说明企业投资受现金流影响较大。该系数越大，敏感性越强，融资约束越严重。若g值为0，则表明企业不受外部融资约束。这种测度方法的优点在于考虑了信息不对称和代理问题。同时，从投资视角构建投资—现金流敏感模型，有助于反映企业现金流对投资的支持程度，因而具有一定的科学性。该方法也存在诸多不足。投资—现金流敏感性和融资约束的关系不一定是简单的单调递增，二者关系还会受到企业所处行业、规模以及产权性质等特征因素的影响。此外，托宾Q值的计算存在一定的偏差。

②采用现金—现金流敏感系数测量融资约束程度。

针对投资—现金流敏感系数模型存在的不足，Almeida et al.（2004）[194]提出了现金—现金流敏感系数模型。模型如下：

$$\begin{aligned}\Delta Cashholding_{it} = {} & \alpha_0 + \alpha_1 Cashflow_{it} + \alpha_2 Q_{it} + \alpha_3 Size_{it} + \alpha_4 Expenditure_{it} \\ & + \alpha_5 Acquisition_{it} + \alpha_6 \Delta NWC_{it} + \alpha_7 \Delta Shortdebt_{it} + \mu_{it}\end{aligned} \quad \text{（式4-2）}$$

其中，α_1表示现金—现金流敏感系数。若α_1显著大于0，则表明企业存在融资约束。企业选择持有现金而非把现金用于投资，说明企业已面临一定程度的融资约束，持有现金是融资困境下的一种应对。该模型的优点在于：从企业现金持有动机出发，构建现金—现金流敏感系数，可以揭示企业可能存在的投资机会以及所面临的外部融资约束程度。不足之处在于持有现金的动机以及现金持有量受多种因素的影响，持有现金的动机有很多种，并不仅限于预防的动机，因此采用现金—现金流敏感系数模型会带来一定的测度偏差。罗珊梅和李明辉（2015）[34]、綦好东等（2015）[35]使用该方法来测度融资约束。

③采用单个指标进行测度。

介于我们无法直接观察到企业的融资约束水平，学者们只能选择一些间接替代变量来洞悉企业的融资约束情况，现有的融资约束替代变量主要有：单变量指标和多变量指数。单变量指标主要包括公司规模、上市公司年龄、产权性质、股利支付率、利息保障倍数等。通常情况下，与规模较大的企业相比，小规模企业信息不对称程度更严重、信用风险更高，也就面临着更为严重的外部融资约束；与成熟企业相比，处于初创期或成长期的企业也更容易遭受融资难的困境；与非国有企业相比，国有企业更容易获得金融机构的贷款支持，这将导致非国有企业面临更大的融资约束；股利支付率在一定程度上反映了企业现金流的充沛程度，高股利支付率表明企业拥有充裕的现金流，因此不存在融资约束问题，反之，股利支付率低或不分配股利的公司受到的融资约束程度较高；利息保障倍数反映了企业息税前利润对利息偿付的保障程度，该比率越低，企业发生偿债困难的可能性就越高，面临融资约束的可能性也就越大。

虽然采用规模、年龄、产权性质等单个指标衡量企业融资约束，能够在一定程度上反映融资约束程度且易于使用，但是单个指标信息覆盖量有限，不能全面、客观地反映企业面临的融资约束。Almeida et al.（2004）[194]、Carpenter & Guariglia（2008）[195]、连玉君等（2010）[36]、解维敏和方红星（2011）[37]采用了上述单个指标来测度企业融资约束程度。

④多变量构建相关指数。

多变量构建相关指数主要指基于一定的分析方法运用多元变量构造出融资约束指数。如，Cleary（1999）[196]构造的Z_{FC}指数：

$$Z_{FC} = -0.119Current + 0.001InterestCov - 0.048Slack/kz + 1.456Profit + 2.036SalesGrowth - 1.904Lever \quad (式4\text{-}3)$$

其中，财务松弛（Slack）=（货币资金+短期投资+0.5×存货净额+0.7×应收款净额-短期借款）÷期初总资产，Z_{FC}值越大，企业融资约束程度越低，二者之间呈反向变动关系。Z_{FC}指数全面考虑了企业的综合财务状况，包括长期与短期偿债能力、发展能力以及盈利能力，因此能够较为科学地反映企业所面临的融资约束水平，不足之处在于计算相对烦琐、存在内生性问题。

⑤KZ指数。

Owen et al.（2001）[197]构建了改进的KZ指数，具体表达式为：

$$KZ_{it} = 1.002CF_{it} + 0.238Q_{it} + 3.139Lev_{it} - 39.368DIV_{it} - 1.135CH_{it} \quad (式4\text{-}4)$$

其中，KZ值越大，表明企业融资约束程度越高；反之，融资约束程度越低。与Z_{FC}指数相同，KZ指数涵盖了企业多方位信息，具有较强的综合性，也能在一定程度上反映企业的融资约束程度，但由于被解释变量与解释变量同时含有企业融资约束的定性与定量信息，可能会导致计算偏差。Owen et al.（2001）[197]、杨兴全等（2016）[38]的研究中采用了KZ指数。

⑥WW指数。

基于先前学者的研究基础，Whited & Wu（2006）[198]构建了WW指数测度融资约束程度。该指数的具体公式为：

$$WW_{it} = -0.091CF_{it} - 0.062DIV_{it}\_dummy + 0.021Lev_{it} - 0.044Size_{it} + 0.102ISG_{it} - 0.135SG_{it} \quad （式4-5）$$

WW指数取绝对值表示融资约束程度，WW指数的绝对值越大表明融资约束程度越高。WW指数具有综合性指数的共同优点：综合性强且涵盖信息全面。其不足之处在于被解释变量与解释变量同时含有企业融资约束的定性与定量信息，可能会带来计算偏差。需要注意的是，WW指数主要用于衡量股权融资约束，并不能反映债务融资约束。该指数在邓可斌和曾海舰（2014）[39]等的研究中得到了运用。

⑦融资约束指数（FCI）。

$$FCI_{it} = a + bLev_{it} - cLdb_{it} - dDIV_{it} + eQ_{it} - fRoe_{it} \quad （式4-6）$$

该指数的具体计算方法为：第一，对样本观测值各年的利息保障倍数从小到大排序。第二，选取某特定比例（如前50%）为高融资约束组，相同特定比例（如后50%）为低融资约束组。第三，按照公司规模和利息保障倍数分组所得到的交集部分作为最终的高融资约束组和低融资约束组。直接利用该判别函数系数所构造的融资约束指数是一个反向指标，即判别函数值越大，表明公司受到的融资约束程度越低。该方法全面考虑了企业的综合财务状况，包括长期与短期偿债能力、发展能力以及盈利能力，因此能够较为科学地反映企业所面临的融资约束水平。其不足之处在于计算相对烦琐、存在内生性问题。卢馨等（2013）[26]、李萍等（2019）[5]的研究采用了该指数来测度融资约束。

⑧SA 指数。

Hadlock & Pierce（2010）[193] 提出SA指数来表示企业融资约束程度。其具体公式为：

$$SA = -0.737Size + 0.043Size^2 - 0.04Age \quad \text{（式4-7）}$$

其中，Size = ln（企业资产总额÷1 000 000元），Age代表企业上市时间，由此计算出来的SA值为负数。对SA求绝对值，数值越大表示企业面临的融资约束程度越低。从SA指数的计算公式可知，该值完全由两个外生变量——企业资产规模和上市时间所决定，不涉及任何内生变量，克服了Z_{FC}指数、KZ指数以及WW指数因存在内生性问题而导致的测度偏差，并且该指数计算简单，易于使用。SA指数在姜付秀等（2016）[33] 的研究中得到了使用。鉴于此，本书中作者采用Hadlock & Pierce（2010）[193] 所构建的SA指数作为融资约束的测度标准。

（4）控制变量的选取。本章控制变量与第3章控制变量一致，故不再赘述。

4.2.3 中介效应模型设定

温忠麟和叶宝娟（2014）[40] 将中介效应检验模型构建如下：

第一，检验模型中自变量X对因变量Y的总效应。

$$Y=cX + \varepsilon \quad \text{（式4-8）}$$

第二，检验自变量X对中介变量M的直接效应。

$$M=aX + \varepsilon \quad \text{（式4-9）}$$

第三，检验自变量X、中介变量M对因变量Y的联合效应。

$$Y=c'X + bM + \varepsilon \quad \text{（式4-10）}$$

中介效应检验模型的具体方法为：（1）检验（式4-8）中的系数c是否显著。系数c显著才能进一步检验中介效应，否则停止后续检验。（2）检验式4-9中的系数a，如果系数a显著，则可以判断自变量对中介变量具有显著影响。（3）检验式4-10中的系数c’和b的显著性，若c’不显著且b显著，可以判断中介变量M具有完全中介作用；若c’和b均显著，则中介变量M发挥了部分中介作用。（4）比较间接效应ab与直接效应c’的符号。若符号相同，则存在部分中介效应；若符号相反，则存在遮掩效应。需要注意的是，完全中介排除了其他中介存在的可能。因此，将所有中介都看作部分中介是较为科学的做法（Preacher & Hayes，2008）[199]。

本书认为，若资产剥离行为以“融资效应”和“估值效应”为主，则会起到缓解企业融资约束的作用；若资产剥离行为以“信号传递效应”和“掏空效应”为主，则会加剧企业融资约束。为了明确资产剥离对企业融资约束的影响，以及“资产剥离—融资约束—企业价值”的作用路径是否存在，借鉴温忠麟和叶宝娟（2014）[40]的中介效应检验方法，本书中作者以融资约束作为中介变量进行检验，构建以下中介效应模型：

$$TB_{it} = \alpha_0 + \alpha_1 Zcbl_{it} + \alpha_2 Lev_{it} + \alpha_3 Roe + \alpha_4 Growth_{it} + \alpha_5 Fcf_{it} + \alpha_6 Size_{it} + \alpha_7 Age_{it} + \alpha_8 SOE_{it} + \alpha_9 Board_{it} + \alpha_{10} Dual_{it} + \alpha_{11} First_{it} + \sum Year + \sum Industry + \varepsilon_{it}$$

（式4-11）

$$SA_{it} = \beta_0 + \beta_1 Zcbl_{it} + \beta_2 Lev_{it} + \beta_3 Roe + \beta_4 Growth_{it} + \beta_5 Fcf_{it} + \beta_6 Size_{it} + \beta_7 Age_{it} + \beta_8 SOE_{it} + \beta_9 Board_{it} + \beta_{10} Dual_{it} + \beta_{11} First_{it} + \sum Year + \sum Industry + \varepsilon_{it}$$

（式4-12）

$$TB_{it} = \gamma_0 + \gamma_1 Zcbl_{it} + \gamma_2 SA_{it} + \gamma_3 Lev_{it} + \gamma_4 Roe_{it} + \gamma_5 Growth_{it} + \gamma_6 Fcf_{it} + \gamma_7 Size_{it} + \gamma_8 Age_{it} + \gamma_9 SOE_{it} + \gamma_{10} Board_{it} + \gamma_{11} Dual_{it} + \gamma_{12} First_{it} + \sum Year + \sum Industry + \varepsilon_{it}$$

（式4-13）

其中，TB为被解释变量，表示企业价值；Zcbl为解释变量，表示资产剥离；SA为中介变量，表示融资约束；α_0为常数项，ε表示扰动项，其余为控制变量。

参考温忠麟和叶宝娟（2014）[40]的方法，本书中作者按照以下步骤进行中介效应检验。第一，对式4-11进行回归，在α_1显著的前提下，对式4-12和式4-13进行检验，若β_1和γ_2均显著，则表明间接效应$\beta_1\gamma_2$显著。第二，检验式4-13系数γ_1，若γ_1不显著，则表明直接效应不显著，只存在中介效应，即完全中介效应；若γ_1显著，则表明间接效应$\beta_1\gamma_2$显著，存在部分中介效应。第三，比较间接效应$\beta_1\gamma_2$与直接效应γ_1的符号，若符号相同则存在部分中介效应。

4.3 机制检验

4.3.1 描述性统计

主要变量的描述性统计结果见表4-1。

表4-1 变量描述性统计结果

Var	N	mean	sd	min	p25	p50	p75	max
TB	4 593	2.036	2.135	0.173	0.728	1.398	2.165	13.371
Zcbl	4 593	18.416	1.564	15.585	17.368	18.463	19.570	22.307
SA	4 593	-3.182	0.117	-3.293	-3.256	-3.227	-3.254	-1.783

4.3.2 实证结果分析

（1）资产剥离与当期企业价值。

资产剥离与当期企业价值——融资约束的中介效应检验见表4-2。

表4-2 资产剥离与当期企业价值——融资约束的中介效应检验

项目	（1）	（2）	（3）
	TB	Abs_SA	TB
Zcbl	0.058***	-0.004***	0.026*
	（3.21）	（-3.863）	（1.701）
Abs_SA			-6.618***
			（-27.593）
Lev	-1.321***	-0.035***	-1.564***
	（-9.13）	（-4.114）	（-11.746）
Roe	0.011***	0.0002*	0.0128***
	（4.69）	（1.726）	（5.875）
Growth	0.226***	-0.004	0.211***
	（5.11）	（-0.152）	（5.624）

续表

项目	(1)	(2)	(3)
	TB	Abs_SA	TB
Fcf	-1.169	0.061***	0.201
	(-0.47)	(2.578)	(0.628)
Size	-0.877***	0.0181***	-0.768***
	(-34.58)	(10.899)	(-32.355)
Age	0.018**	0.0437***	0.377***
	(2.28)	(13.878)	(8.563)
SOE	-0.248***	0.002	-0.234***
	(-4.13)	(0.574)	(-4.618)
Dual	0.079	-0.0002	0.078
	(1.25)	(-0.039)	(1.388)
Board	0.021	-0.002**	0.008
	(1.56)	(-2.474)	(0.567)
First	0.007***	0.000	0.006***
	(3.71)	(-0.269)	(3.891)
Year	控制		
Industry	控制		
Cons	19.561***	2.774***	38.004***
	(35.42)	(80.267)	(45.611)
N	4 593	4 317	4 317
R^2	0.512	0.164	0.601
R^2_a	0.505	0.1477	0.589
F	43.69	8.189	60.639

注：括号内为t值，* p<0.1，** p<0.05，*** p<0.01。

资料来源：作者运用STATA14.0计算获得。

表4-2中，回归结果（1）—（3）分别显示了资产剥离（Zcbl）对企业价值（TB）的影响、资产剥离（Zcbl）对融资约束（Abs_SA）的影响，以及资产剥离（Zcbl）、融资约束（Abs_SA）对企业价值（TB）的联合影响。回归（1）中，Zcbl系数α_1（0.058）显著为正，表明资产剥离对企业价值的提升有着明显的促进作用。回归（2）中，Zcbl系数β_1（-0.004）为负，且在1%的水平上显著，表明资产剥离的实施加剧了企业面临的融资约束。回归（3）中，Abs_SA的系数γ_2（-6.618）为负，且在1%的水平上显著。同时，资产剥离的系数γ_1（0.026）为正，且在10%的水平上显著，间接效应$\beta_1\gamma_2$与直接效应γ_1符号相同，表明中介效应存在。

（2）资产剥离与前推期企业价值。

资产剥离与前推一期企业价值——融资约束的中介效应检验见表4-3。

表4-3　**资产剥离与前推一期企业价值——融资约束的中介效应检验**

项目	（1）	（2）	（3）
	F1.TB	F1.Abs_SA	F1.TB
Zcbl	0.058*** （2.78）	-0.005*** （-4.496）	0.018 （1.081）
F1.Abs_SA			-6.862*** （-28.032）
Lev	-0.978*** （-6.17）	-0.047*** （-4.738）	-1.292*** （-9.500）
Roe	0.001*** （4.73）	0.0001 （0.617）	0.0105*** （5.569）
Growth	0.147*** （3.53）	0.004 （1.4033）	0.184*** （4.70）
Fcf	-0.1185 （-0.31）	0.068*** （2.815）	0.342 （1.052）
Size	-0.9112*** （-33.47）	0.017*** （10.008）	-0.783*** （-32.04）

续表

项目	(1)	(2)	(3)
	F1.TB	F1.Abs_SA	F1.TB
Age	0.095** (1.74)	0.044*** (11.533)	0.394*** (7.56)
SOE	−0.273*** (−4.20)	0.003 (0.825)	−0.247*** (−4.52)
Dual	0.116* (1.67)	−0.001 (−0.197)	0.106* (1.76)
Board	0.025* (1.89)	−0.003** (−2.242)	0.013 (0.98)
First	0.007*** (3.63)	0.0000 (0.061)	0.007*** (3.97)
Year	控制		
Industry	控制		
Cons	19.561*** (35.42)	2.807*** (72.185)	40.339*** (46.41)
N	3 688	3 688	3 688
R^2	0.512	0.170	0.610
R^2_a	0.478	0.143	0.595
F	35.72	6.997	52.934

注：括号内为t值，* p<0.1，** p<0.05，*** p<0.01。

资料来源：作者运用STATA14.0计算获得。

表4-3中，回归结果（1）—（3）分别显示了资产剥离（Zcbl）对前推一期企业价值（F1.TB）的影响、资产剥离对前推一期融资约束（F1.Abs_SA）的影响，以及资产剥离（Zcbl）、前推一期融资约束（F1.Abs_SA）对前推一期企业价值（F1.TB）的联合影响。从表4-3可以看出，回归（1）中，资产剥离与企业价值的回归系数α_1（0.058）为正，且在1%的水平上显著，表明资产剥离的实施对前推一期的企业价

值也产生了促进作用。回归（2）中，资产剥离与融资约束的回归系数β_1（-0.005）为负，且在1%的水平上显著，表明资产剥离的实施同样加剧了前推一期的企业融资约束。回归（3）中，融资约束的回归系数γ_2（-6.862）为负，且在1%的水平上显著。同时，资产剥离的回归系数γ_1（0.018）为正，并未通过显著性检验，间接效应$\beta_1\gamma_2$与直接效应γ_1的符号相同，故存在完全中介效应。考虑到完全中介排除了其他中介存在的可能，缺乏一定的科学性，故读者可以认为存在部分中介效应。基于此，虽然回归（3）中资产剥离（Zcbl）的系数γ_1不显著，但也应判定融资约束发挥了部分中介效应（而非完全中介效应）。从上述分析可知，在资产剥离对前推一期企业价值的影响中，融资约束的中介效应依然存在。

资产剥离与前推二期企业价值——融资约束的中介效应检验见表4-4。

表4-4 **资产剥离与前推二期企业价值——融资约束的中介效应检验**

项目	(1)	(2)	(3)
	F2.TB	F2.Abs_SA	F2.TB
Zcbl	0.046** (2.63)	-0.005*** (-3.93)	0.005 (0.29)
F2.Abs_SA			-7.091*** (-25.88)
Lev	-0.834*** (-4.15)	-0.034*** (-3.07)	-1.086*** (-7.17)
Roe	0.014*** (5.34)	0.0002 (0.9614)	0.016*** (7.06)
Growth	0.113** (2.24)	0.009** (2.67)	0.175*** (3.88)
Fcf	0.584 (1.38)	0.0312 (1.18)	0.808** (2.20)

续表

项目	(1)	(2)	(3)
	F2.TB	F2.Abs_SA	F2.TB
Size	−0.918*** (−30.34)	0.0130*** (6.74)	−0.826*** (−30.72)
Age	0.129* (1.82)	0.046*** (9.78)	0.456*** (6.98)
SOE	−0.263*** (−3.69)	0.001 (0.22)	−0.253*** (−4.16)
Dual	0.158** (2.03)	−0.002 (−0.32)	0.146* (2.10)
Board	0.018 (1.04)	−0.002** (−1.97)	0.003 (0.17)
First	0.006*** (3.14)	0.0002 (1.267)	0.007*** (4.14)
Year	控制		
Industry	控制		
Cons	21.527*** (31.68)	2.872*** (65.44)	41.893*** (42.29)
N	3 089	3 089	3 089
R^2	0.515	0.152	0.615
R^2 _a	0.498	0.120	0.604
F	30.01	5.054	45.084

注：括号内为t值，* p<0.1，** p<0.05，*** p<0.01。

资料来源：作者运用STATA14.0计算获得。

表4-4中，回归结果（1）—（3）分别显示了资产剥离（Zcbl）对前推二期企业价值（F2.TB）的影响，资产剥离对前推二期融资约束（F2.Abs_SA）的影响，资产剥离（Zcbl）、前推二期融资约束

（F2.Abs_SA）对前推二期企业价值（F2.TB）的联合影响。从表4-4可以看出，回归（1）中，资产剥离与企业价值的回归系数α_1（0.046）为正，且在5%的水平上显著，表明资产剥离对前推两期企业价值的提升同样存有正向影响，资产剥离价值提升的效应具有一定的可持续性。回归（2）中，资产剥离与融资约束的回归系数β_1（-0.005）为负，且在1%的水平上显著，表明资产剥离的实施同样加剧了企业未来面临的融资约束。回归（3）中，融资约束的回归系数γ_2（-7.091）为负，且在1%的水平上显著，同时，资产剥离的回归系数γ_1（0.005）为正，并未通过显著性检验，间接效应$\beta_1\gamma_2$与直接效应γ_1的符号相同，故中介效应存在。从上述分析可知，在资产剥离对前推两期企业价值的影响中，融资约束的中介效应依然存在。

综上所述，融资约束在资产剥离对当期企业价值以及前推期企业价值的影响中，都发挥了中介作用，融资约束是资产剥离影响企业价值的长效机制。虽然资产剥离的实施更多地体现了“信号传递效应”和“掏空效应”，企业融资约束加剧。企业会更加珍惜手中资金与资源，优选投资项目，把剥离所释放的资源投入到高质量的机会中，尽可能提高资金配置效率。此时，融资约束下的资源配置的正效应大于资源约束的负效应，净效应为正，进而推动企业价值的不断增长。假设4-1得到了验证。

4.3.3 稳健性检验

本书中作者采用学者们广为使用的Sobel法对融资约束中介效应的稳定性进行了检验。Sobel检验依据Z值来判定中介效应是否存在。

$$Z = \frac{x \times y}{\sqrt{x^2 \times S_y^2 + y^2 \times S_x^2}} \tag{式4-14}$$

其中，x和y分别为（式4-9）和（式4-10）中自变量X和中介变量M的系数，S_x和S_y分别为系数x和y的标准误。若Z值显著（显著性水平0.05对应的临界值为0.97），则说明变量M具有中介效应，否则不存在中介效应。

表4-5列示了中介效应的Sobel检验结果。从中可知，无论是在资产剥离对企业价值的短期影响还是长期影响中，Sobel检验下的Z值均大于5%显著性水平的临界值0.97，表明融资约束的多期中介效应存在。

表4-5　　中介效应的Sobel检验

路径	Zcbl—Abs_SA—TB	Zcbl—F1.Abs_SA—F1.TB	Zcbl—F2.Abs_SA—F2.TB
Sobel检验 Z值	4.146	4.135	4.511

资料来源：由作者运用STATA14.0计算获得。

4.4　本章小结

本章以2010—2019年我国沪深A股上市公司为研究对象，将融资约束作为中介变量，通过构建中介效应模型，实证检验了资产剥离推动价值创造的内在机制。本章研究结果表明，融资约束是资产剥离影响企业价值的长效机制，其在资产剥离对企业价值的正向影响中发挥了中介作用，并且该中介作用在资产剥离对企业价值的长期影响中依然存在。具体表现为，将融资约束和企业价值分别前推一期、前推二期，融资约束在资产剥离对企业价值影响的中介效应依然存在。

以上研究结论有利于读者从公司财务维度、融资视角了解资产剥离发挥效应的关键动力源。结果证实，资产剥离的实施更多地体现了“信号传递效应”和“掏空效应”。资产剥离向市场传递了企业经营失败的信号，剥离企业往往伴随着公司治理水平的恶化、代理问题的加剧。与此同时，剥离也可能代表了企业实际控制人的“掏空行为”。由此，外部投资者预期投资风险加大，投资意愿随之降低，公司股权和债务融资成本上升。虽然，资产剥离加剧了企业所面临的融资约束。管理层在融资约束的条件下，有动机通过内部挖潜、严格筛选投资项目，尽可能提高资源配置效率，实现投资收益的最大化。与此同时，较高的融资约束也大大降低了管理者挥霍企业资金的风险，使代理问题得到缓解。此时，融资约束下的资源配置正效应大于相关的负效应，从而推动了企业价值的提升。

第5章　资产剥离、投资效率与企业价值

第4章从公司财务维度，对资产剥离推动价值创造的内在机制提供了基于融资视角的解释。实证结果表明，融资约束在资产剥离对企业价值的正向影响中发挥了中介作用，并且该中介作用在资产剥离对企业价值的长期影响中依然存在。在资产剥离的动因研究中，资产剥离被认为是对公司治理不足的一种补救，也是对企业过度扩张以及过度多元化的一种回应（Brauer，2006）[59]。结合第4章，本章继续从财务维度，将投资效率作为中介变量构建方程，对“资产剥离—投资效率—企业价值”的路径进行检验，为探寻资产剥离影响企业价值的长效机制提供了投资视角下的解释。

5.1　机制的理论分析与研究假设

资产剥离是对公司治理不足的补救。在解释资产剥离时，一个常用视角是“委托代理理论”（Haynes et al.，2003）[111]。管理层与股东之间的代理冲突被认为是企业过度投资的主要原因之一，剥离表明管理层前

期可能做出了效率低下、没能带来企业价值提升的战略决策。基于此，资产剥离被认为是对公司治理不足引起的问题的一种补救，也是对企业过度扩张、过度多元化的一种回应（Brauer，2006）[59]。一般而言，减小公司规模的交易会增加股东价值（Stulz，1990）[113]，采用多元化战略导致企业价值损害程度越高的企业，越有可能采取资产剥离等收缩性战略来修正先前策略的错误（Hayward & Shimizu，2006）[63]。虽然导致公司规模减小的交易会带来股东财富的增加，然而现代企业中所有权与经营权的分离，使得企业管理层能够通过控制更多的资源来获取高额的私人收益。管理层私有收益往往与公司规模正相关，使得管理层偏好于通过扩张企业规模来增加个人薪酬和在职消费，力图实现其所控制的资源和管理权力的最大化。尽管过度投资会损害企业价值并将最终降低管理层获得的基于业绩的薪酬水平，但追求过度投资所带来的控制权私利大大超出了薪酬水平降低带来的损失，因此当企业内部缺乏有效的监控机制时，管理层将倾向于选择低效的降低风险的多样化策略，以牺牲股东财富为代价来获取个人收益，导致企业投资行为的扭曲，引发过度投资。比如，企业高管都有“构建帝国”的倾向（Zwiebel，1996）[200]，一味追求企业的规模增长而非投资效率的提高。基于上述分析可知，管理层对权力的追逐会对企业投资效率产生直接影响。在“委托代理理论”的框架下，Jensen（1986）[201]较早地开展了管理层权力对企业过度投资影响的研究。其指出，管理层权力越大，其对公司决策的影响力越强，越有可能为了获取私人收益而进行过度投资。为了实现权力的最大化，管理层甚至会把资金投放于净现值为负的项目，导致公司投资效率的降低乃至对公司价值的损害。管理层“构建帝国的倾向”，本质上是为了实现由于企业规模扩大而带来的权力的自然增长，并且企业投资效率会随管理层权力的扩大而降低。过度投资作为低效率的投资方式会破坏企业价值和股东财富，有效的内、外部治理机制能够约束管理层过度投资行为，显著提升企业的投资效率（谭庆美等，2015）[41]。

在公司战略决策中，剥离作为收购战略的重要补充，是公司治理模式的关键组成（Villalonga & McGahan，2005）[202]。管理层和股东之间的代理冲突可能会导致管理层将个人利益凌驾于股东财富之上，不愿对某些资产进行剥离，从而将重要的股东价值锁定在公司内部，使公司的实际价值和潜在价值之间存在差异。与专业化企业相比，企业集团市场估值过低与投资效率低下以及负协同效应有关，这通常会转化为高额的代理成本（Laeven & Levine，2007）[203]。资产剥离被认为是对公司治理不足引起的问题的一种补救，企业投资行为扭曲、投资效率低下等问题会通过实施资产剥离得到缓解或解决。有代理问题的公司在实施资产剥离时会扭转此类有害行为，为股东释放价值（Sanders，2001；Ertimur et al.，2011；Feldman，2015）[204][181][158]。

资产剥离是资源配置的有效手段，在资源有限的情况下，资产剥离能够为企业释放资源（Vidal & Mitchell，2018）[159]。通过资产剥离所释放出来的资源如果得到适当配置，可以产生协同效应，企业将获得更高的投资收益（Folta et al.，2016）[167]。在激烈的市场竞争冲击下，企业会通过纵向剥离来降低组织复杂性，将资源投向配置效率最高的地方，实现投资收益的最大化（Jain et al.，2011）[81]。基于上述分析，作者提出以下假设：

假设5-1：投资效率在资产剥离与企业价值之间发挥中介作用。

假设5-2：资产剥离通过缓解投资不足，进而对企业价值产生正向影响。

假设5-3：资产剥离通过抑制过度投资，进而对企业价值产生正向影响。

5.2 研究设计

5.2.1 样本选取与数据来源

本书仅对企业上市以后的资产剥离事件进行研究，主要包括上市公司及其子公司、控股公司出售有形资产、无形资产、股权和债权的行为。资产置换、分立和分拆上市不属于本书的研究范畴。本书中作者采用2010—2019年沪深A股上市公司为研究样本，相关数据均来自国泰安数据库和万得数据库。在此基础上，（1）剔除资产剥离及数据缺失样本；（2）企业在当年只发生了一次重组事件且该重组事件为资产剥离；（3）剔除ST类、ST*类、金融类上市企业以及资产剥离规模小于500万元的样本；（4）将当年发生的多次资产剥离合并为一次。为减少异常值可能造成的干扰，作者对所有变量进行了1%和99%的winsorize处理，最终得到4 593个观测值。

5.2.2 变量测度与定义

（1）被解释变量。本节考察我国上市公司资产剥离对企业价值影响的内在机制，因此仍选取托宾Q值（TB）作为企业价值的测度标准。

（2）解释变量。为考察资产剥离的实施对投资效率、资产剥离和投资效率对企业价值的联合影响，本节仍选取资产剥离（Zcbl）作为解释变量。

（3）中介变量。投资效率（Inv）、过度投资（OverInv）以及投资不足（UnderInv）是本节研究的中介变量，借鉴学者黄海杰和吕长江（2016）[42]和王兵等（2018）的做法[43]，采用Richardson（2006）[205]模型进行回归后所计算出的残差并取绝对值表示。绝对值越大，企业非效率投资水平越高。残差大于零，表示过度投资；残差小于零，表示投资不足。

本书认为，相较于其他投资效率的测度方法，Richardson[205]于2006年所提出的残差度量模型有着较为突出的优点。首先，为了保证模型构建的稳健性，其使用了多个解释变量来度量企业非效率投资。其次，为了尽可能地克服内生性问题，其采用Age和Size等外生变量。因此，该模型能够较好地满足本书的研究诉求。其具体残差模型如下：

$$\begin{aligned} Level_t = & \beta_0 + \beta_1 Growth_{t-1} + \beta_2 Lev_{t-1} + \beta_3 Cash_{t-1} + \beta_4 Age_{t-1} \\ & + \beta_5 Size_{t-1} + \beta_6 Returns_{t-1} + \beta_7 Level_{t-1} + \varepsilon \end{aligned} \quad \text{（式5-1）}$$

其中，Level代表企业投资水平，Level=（资本性支出+并购支出-出售长期资产收入-折旧）÷资产总额；Growth代表公司成长性，用营业收入增长率表示；Lev代表企业资产负债率；Cash代表现金持有水平，Cash=现金及现金等价物÷总资产；Age代表企业上市时间；Size代表企业规模；Returns代表年个股报酬率。

（4）控制变量的选取。本章控制变量与第3章控制变量一致，不再赘述。

5.2.3 中介效应模型设定

本书认为，资产剥离通过作用于投资效率而对企业价值产生影响。企业投资行为扭曲、投资效率低下等问题会通过实施资产剥离得到缓解或解决。为了检验“资产剥离—投资效率—企业价值”的作用路径是否存在，参考温忠麟和叶宝娟（2014）[40]的中介效应检验方法，本书中作者将投资效率作为中介变量进行检验，构建以下中介效应模型：

$$TB_{it}=\alpha_0+\alpha_1 Zcbl_{it}+\alpha_2 Lev_{it}+\alpha_3 Roe_{it}+\alpha_4 Growth_{it}+\alpha_5 Fcf_{it}+\alpha_6 Size_{it}+\alpha_7 Age_{it}+\alpha_8 SOE_{it}+\alpha_9 Board_{it}+\alpha_{10} Dual_{it}+\alpha_{11} First_{it}+\sum Year+\sum Industry+\varepsilon_{it} \quad \text{（式 5-2）}$$

$$Inv_{it}=\beta_0+\beta_1 Zcbl_{it}+\beta_2 Lev_{it}+\beta_3 Roe_{it}+\beta_4 Growth_{it}+\beta_5 Fcf_{it}+\beta_6 Size_{it}+\beta_7 Age_{it}+\beta_8 SOE_{it}+\beta_9 Board_{it}+\beta_{10} Dual_{it}+\beta_{11} First_{it}+\sum Year+\sum Industry+\varepsilon_{it} \quad \text{（式 5-3）}$$

$$TB_{it}=\gamma_0+\gamma_1 Zcbl_{it}+\gamma_2 Inv_{it}+\gamma_3 Lev_{it}+\gamma_4 Roe_{it}+\gamma_5 Growth_{it}+\gamma_6 Fcf_{it}+\gamma_7 Size_{it}+\gamma_8 Age_{it}+\gamma_9 SOE_{it}+\gamma_{10} Board_{it}+\gamma_{11} Dual_{it}+\gamma_{12} First_{it}+\sum Year+\sum Industry+\varepsilon_{it} \quad \text{（式 5-4）}$$

其中，TB为被解释变量，表示企业价值；Zcbl为解释变量，表示资产剥离；Inv为中介变量，表示投资效率；α_0为常数项，ε为扰动项，其余为控制变量。

参考温忠麟和叶宝娟（2014）[40]的方法，本书中作者按照以下步骤进行中介效应的检验。首先，对式5-2进行回归，在α_1显著的前提下，对式5-3和式5-4进行检验；若β_1和γ_2均显著，则间接效应$\beta_1\gamma_2$显著。其次，检验式5-4的系数γ_1，若γ_1不显著，则表明直接效应不显著，只存在中介效应（即完全中介效应）；若γ_1显著，则表明存在部分中介效应。最后，比较间接效应$\beta_1\gamma_2$与直接效应γ_1的符号，若符号相同，则存在部分中介效应；若符号相反，则属于遮掩效应。此外，若β_1和γ_2至少有一个不显著，则需要进行Sobel检验来确定中介效应是否存在。

5.3 机制检验

5.3.1 描述性统计

主要变量的描述性统计结果见表5-1。

表5-1 主要变量的描述性统计结果

Var	N	mean	sd	min	p25	p50	p75	max
全样本企业								
TB	4 593	2.036	2.135	0.173	0.728	1.398	2.165	13.371
Zcbl	4 593	18.4163	1.564	15.585	17.368	18.463	19.570	22.307
Inv	4 593	-0.0073	0.072	-0.031	-0.042	-0.012	0.015	0.473
过度投资组企业								
TB	1 809	1.8275	2.188	0.082	0.654	1.220	2.141	13.371
Zcbl	1 809	18.3347	1.501	15.585	17.224	18.258	19.255	22.307
OverInv	1 809	0.0530	0.074	0.000	0.011	0.028	0.063	0.477
投资不足组企业								
TB	2 784	2.3721	3.381	0.173	0.824	1.555	2.727	13.371
Zcbl	2 784	18.4492	1.516	15.432	17.348	18.368	19.490	23.070
UnderInv	2 784	-0.0435	0.039	-0.318	-0.058	-0.033	-0.016	0.000

资料来源：作者运用STATA14.0计算获得。

5.3.2 实证结果分析

（1）投资效率的中介效应检验。

①资产剥离与当期企业价值。

资产剥离与当期企业价值——投资效率的中介效应检验见表5-2。

表5-2　资产剥离与当期企业价值——投资效率的中介效应检验

项目	(1)	(2)	(3)
	TB	Inv	TB
Zcbl	0.058^{***} (3.21)	-0.006^{***} (8.81)	0.044^{***} (2.57)
Inv			-2.144^{***} (4.54)
Lev	-1.321^{***} (-9.23)	-0.008 (-1.41)	-1.272^{***} (-8.14)
Roe	0.0111^{***} (4.69)	0.0002^{**} (2.11)	0.010^{***} (4.03)
Growth	0.226^{***} (5.11)	0.031^{***} (18.68)	0.197^{***} (3.28)
Fcf	-1.169 (-0.47)	-0.052^{***} (-3.71)	-0.172 (-0.41)
Size	-0.877^{***} (-34.58)	-0.008^{***} (-8.22)	-0.912^{***} (-33.21)
Age	0.018^{**} (2.28)	-0.006^{***} (-2.81)	0.199^{***} (3.41)
SOE	-0.248^{***} (-4.13)	-0.012^{***} (-5.11)	-0.271^{***} (-4.38)
Dual	0.079 (1.25)	0.001 (0.31)	0.061 (0.88)
Board	0.021 (1.56)	-0.0004 (-0.65)	0.026^{*} (1.71)
First	0.007^{***} (3.71)	-5.86e-05 (-0.07)	0.008^{***} (4.08)

续表

项目	(1)	(2)	(3)
	TB	Inv	TB
Year	控制		
Industry	控制		
Cons	19.561*** (35.42)	0.134*** (6.11)	21.417*** (36.03)
N	4 593	3 942	3 942
R^2	0.512	0.190	0.524
R^2_a	0.505	0.165	0.521
F	43.69	8.70	41.37

注：括号内为t值，* p<0.1，** p<0.05，*** p<0.01。

资料来源：作者运用STATA14.0计算获得。

表5-2中，回归结果（1）—（3）分别显示了资产剥离（Zcbl）对企业价值（TB）的影响、资产剥离（Zcbl）对投资效率（Inv）的影响，以及资产剥离（Zcbl）、投资效率（Inv）对企业价值（TB）的联合影响。

回归（1）中，资产剥离系数α_1（0.058）显著为正，表明资产剥离对企业价值的提升有着明显的促进作用。回归（2）中，资产剥离与投资效率的回归系数β_1（-0.006）为负，且在1%的水平上显著，表明资产剥离的实施提升了企业的投资效率。回归（3）中，投资效率与企业价值的回归系数γ_2（-2.144）为负，且在1%的水平上显著，同时资产剥离与企业价值的回归系数γ_1（0.044）为正，且在1%的水平上显著，间接效应$\beta_1\gamma_2$与直接效应γ_1的符号相同，表明中介效应存在。

②资产剥离与前推期企业价值。

资产剥离与前推一期企业价值——投资效率的中介效应检验见表5-3。

表5-3　资产剥离与前推一期企业价值——投资效率的中介效应检验

项目	(1)	(2)	(3)
	F1.TB	F1.Inv	F1.TB
Zcbl	0.058***	-0.001***	0.057***
	(2.78)	(2.61)	(2.85)
F1.Inv	—	—	-2.246***
			(5.03)
Roe	-0.978***	0.0002**	0.009***
	(-6.17)	(2.59)	(4.27)
Lev	0.011***	-0.002	-0.987***
	(4.73)	(-0.37)	(-6.63)
Growth	0.147***	0.025***	0.103***
	(3.53)	(14.08)	(2.87)
Fcf	-0.119	-0.030	-0.135
	(-0.31)	(-1.60)	(-0.39)
Size	-0.911***	-0.005***	-0.896***
	(-33.47)	(-4.11)	(-33.19)
Age	0.095**	-0.006***	0.117***
	(1.74)	(-2.61)	(2.78)
SOE	-0.273***	-0.009***	-0.254***
	(-4.20)	(-4.13)	(-4.11)
Dual	0.115*	-0.001	0.116*
	(1.67)	(-0.35)	(1.75)
Board	0.025*	-0.000	0.025*
	(1.89)	(-0.05)	(1.81)
First	0.007***	-5.86e-03	0.006***
	(3.63)	(-0.08)	(3.59)
Year	控制		

续表

项目	(1)	(2)	(3)
	F1.TB	F1.Inv	F1.TB
Industry	控制		
Cons	19.561*** (35.42)	0.134*** (5.57)	20.704*** (34.77)
N	3 688	3 688	3 688
R^2	0.512	0.139	0.516
R^2 _a	0.478	0.113	0.501
F	35.72	5.39	35.91

注：括号内为t值，* p<0.1，** p<0.05，*** p<0.01。

资料来源：作者运用STATA14.0计算获得。

表5-3中，回归结果（1）—（3）分别显示了资产剥离（Zcbl）对前推一期企业价值（F1.TB）的影响、资产剥离（Zcbl）对前推一期投资效率（F1.Inv）的影响，以及资产剥离（Zcbl）与前推一期投资效率（F1.Inv）对前推一期企业价值（F1.TB）的联合影响。

从表5-3可以看出，回归（1）中，资产剥离与企业价值的回归系数α_1（0.058）显著为正，表明资产剥离对企业价值的提升有显著的促进作用。回归（2）中，资产剥离与投资效率的回归系数β_1（-0.001）为负，且在1%的水平上显著，表明资产剥离的实施促进了企业投资效率的提升。回归（3）中，投资效率与企业价值的回归系数γ_2（-2.246）为负，且在1%的水平上显著。同时，资产剥离与企业价值的回归系数γ_1（0.057）为正，且在1%的水平上显著，间接效应$\beta_1\gamma_2$与直接效应γ_1的符号相同，故存在部分中介效应。因此，从上述分析可知，在资产剥离对前推一期企业价值的影响中，投资效率的中介效应依然存在。

资产剥离与前推二期企业价值——投资效率的中介效应检验见表5-4。

表5-4 资产剥离与前推二期企业价值——投资效率的中介效应检验

项目	(1)	(2)	(3)
	F2.TB	F2.Inv	F2.TB
Zcbl	0.046** (2.63)	-0.002 (-0.28)	0.045** (2.13)
F2.Inv	—	—	-2.327*** (4.52)
Lev	-0.833*** (-4.15)	0.009 (1.38)	-0.895*** (-5.27)
Roe	0.0137*** (5.34)	0.0002** (1.96)	0.013*** (5.25)
Growth	0.113** (2.24)	0.034*** (16.74)	0.043 (0.89)
Fcf	0.584 (1.38)	-0.028* (-1.84)	0.656 (1.63)
Size	-0.918*** (-30.34)	-0.007*** (-3.13)	-0.900*** (-30.38)
Age	0.129* (1.82)	-0.006*** (-2.64)	0.140** (2.02)
SOE	-0.263*** (-3.69)	-0.009*** (-3.43)	-0.2257*** (-3.31)
Dual	0.158** (2.03)	0.002 (0.62)	0.158** (2.07)
Board	0.018 (1.04)	0.005 (0.77)	0.017 (1.063)
First	0.006*** (3.14)	-0.0001 (-1.57)	0.006*** (3.27)
Year	控制		

续表

项目	(1)	(2)	(3)
	F2.TB	F2.Inv	F2.TB
Industry	控制		
Cons	21.527^{***} (31.68)	0.138^{***} (5.40)	21.6660^{***} (32.15)
N	3 089	3 089	3 089
R^2	0.515	0.182	0.519
R^2_a	0.498	0.153	0.502
F	30.01	6.34	30.00

注：括号内为t值，* p<0.1，** p<0.05，*** p<0.01。

资料来源：作者运用STATA14.0计算获得。

表5-4中，回归结果（1）—（3）分别显示了资产剥离（Zcbl）对前推二期企业价值（F2.TB）的影响、资产剥离（Zcbl）对前推二期投资效率（F2.Inv）的影响以及资产剥离（Zcbl）、前推二期投资效率（F2.Inv）对前推二期企业价值（F2.TB）的联合影响。

从表5-4可以看出，回归（1）中，资产剥离与企业价值的回归系数 α_1（0.046）为正，且在5%的水平上显著。回归（2）中，资产剥离与投资效率的回归系数 β_1（-0.002）为负，并未通过显著性检验，表明资产剥离的实施并未对前推二期投资效率产生影响，因此可知在资产剥离对前推二期企业价值的影响中，投资效率并未发挥中介作用。

综上所述，投资效率在资产剥离对当期企业价值以及前推一期企业价值的正向影响中都发挥了中介作用，表明资产剥离的实施是对公司治理不足引起的问题的一种补救，企业投资行为扭曲、投资效率低下等问题会通过实施资产剥离得到缓解或解决，从而对企业价值产生长期正向的影响。假设5-1得到了验证。接下来，作者将进一步把企业分为过度投资组和投资不足组，分析资产剥离是通过抑制过度投资还是缓解投资不足来对企业价值产生影响的。

（2）过度投资的中介效应检验。

①资产剥离与当期企业价值。

资产剥离与企业价值——过度投资的中介效应检验见表5-5。

表5-5　资产剥离与企业价值——过度投资的中介效应检验

项目	(1)	(2)	(3)
	TB	OverInv	TB
Zcbl	0.058*** (2.61)	-0.009** (2.41)	0.075 (1.61)
OverInv	—	—	-2.313* (1.62)
Lev	0.811*** (6.38)	-0.004** (-2.48)	0.816*** (6.58)
Roe	0.333** (2.94)	0.001 (2.11)	0.033** (2.87)
Growth	0.001 (1.00)	0.0001*** (3.88)	0.001 (0.84)
Fcf	-1.690*** (-3.49)	-0.018** (-2.68)	-0.174 (-0.48)
Size	-1.432*** (-25.74)	-0.013*** (-16.01)	-1.652*** (-23.84)
Age	0.284* (1.67)	-0.006** (-3.27)	0.298* (2.312)
SOE	-0.412** (-2.89)	-0.006*** (-3.52)	-0.389** (-2.79)
Dual	0.078 (0.50)	-0.003 (-1.78)	0.088 (0.63)
Board	0.021 (0.62)	-0.001* (-2.03)	0.024 (0.74)

续表

项目	(1)	(2)	(3)
	TB	OverInv	TB
First	0.012** (3.01)	0.000 (0.91)	0.012** (2.94)
Year	控制		
Industry	控制		
Cons	29.37*** (23.94)	0.174*** (10.17)	29.03*** (23.13)
N	1 817	1 817	1 817
R^2	0.402	0.234	0.402
R^2_a	0.381	0.204	0.378
F	17.11	8.68	16.88

注：括号内为t值，* p<0.1，** p<0.05，*** p<0.01。

资料来源：作者运用STATA14.0计算获得。

表5-5中，回归结果（1）—（3）分别显示了资产剥离（Zcbl）对企业价值（TB）的影响、资产剥离（Zcbl）对过度投资（OverInv）的影响以及资产剥离（Zcbl）、过度投资（OverInv）对企业价值（TB）的联合影响。

回归（1）中，资产剥离系数α_1（0.058）显著为正，表明资产剥离对企业价值的提升有着明显的促进作用。回归（2）中，资产剥离与过度投资的回归系数β_1（-0.009）为负，且在5%的水平上显著，表明资产剥离的实施抑制了企业的过度投资。回归（3）中，过度投资与企业价值的回归系数γ_2（-2.313）为负，且在10%的水平上显著；同时，资产剥离与企业价值的回归系数γ_1（0.075）为正，间接效应$\beta_1\gamma_2$与直接效应γ_1的符号相同，表明过度投资的中介效应存在。

②资产剥离与前推一期企业价值。

资产剥离与前推一期企业价值——过度投资的中介效应检验见表5-6。

表5-6　资产剥离与前推一期企业价值——过度投资的中介效应检验

项目	(1)	(2)	(3)
	F1.TB	F1.OverInv	F1.TB
Zcbl	0.058*** (2.68)	-0.005*** (4.08)	0.093 (1.71)
F1.OverInv	—	—	-6.723*** (3.54)
Lev	-0.973* (1.65)	-0.000 (-0.01)	-0.948* (-1.87)
Roe	-0.682** (-2.45)	0.008 (1.89)	-0.732*** (-3.40)
Growth	-0.013 (-0.57)	-0.001 (-1.64)	-0.007 (-0.37)
Fcf	-3.803*** (-4.58)	-0.057*** (-3.47)	-3.41*** (-4.04)
Size	-1.087*** (-15.23)	-0.011*** (-8.25)	-1.012*** (-13.59)
Age	0.095 (0.53)	-0.007** (-2.18)	0.147 (0.77)
SOE	-0.463** (-2.68)	-0.002 (-0.68)	-0.448** (-2.53)
Dual	-0.228 (-1.20)	0.003 (0.97)	-0.252 (-1.39)
Board	0.031 (0.74)	-0.001 (-1.54)	0.039 (0.84)
First	0.008 (1.74)	-0.000 (-0.48)	0.008 (1.82)

续表

项目	(1)	(2)	(3)
	F1.TB	F1.OverInv	F1.TB
Year	控制		
Industry	控制		
Cons	24.11*** (15.15)	0.256*** (8.27)	22.63*** (13.67)
N	963	963	963
R^2	0.4974	0.280	0.513
R^2_a	0.4428	0.2007	0.453
F	9.04	3.58	16.69

注：括号内为t值，* p<0.1，** p<0.05，*** p<0.01。

资料来源：作者运用STATA14.0计算获得。

表5-6中，回归结果（1）—（3）分别显示了资产剥离（Zcbl）对前推一期企业价值（F1.TB）的影响、资产剥离（Zcbl）对前推一期过度投资（F1.OverInv）的影响，以及资产剥离（Zcbl）、前推一期过度投资（F1.OverInv）对前推一期企业价值（F1.TB）的联合影响。

回归（1）中，资产剥离系数α_1（0.058）显著为正，表明资产剥离对企业价值的提升有着明显的促进作用。回归（2）中，资产剥离与过度投资的回归系数β_1（-0.005）为负，且在1%的水平上显著，表明资产剥离的实施抑制了企业的过度投资。回归（3）中，过度投资与企业价值的回归系数γ_2（-6.723）为负，且在1%的水平上显著；同时，资产剥离与企业价值的回归系数γ_1（0.093）为正，间接效应$\beta_1\gamma_2$与直接效应γ_1的符号相同，表明过度投资的中介效应存在。

综上可知，过度投资是资产剥离影响企业价值的长效机制，其在资产剥离对当期企业价值以及前推一期企业价值的正向影响中都发挥了中介作用。表明资产剥离有利于企业抑制过度投资，从而对企业价值产生长期正向的影响。

（3）投资不足的中介效应检验。

①资产剥离与当期企业价值。

资产剥离与当期企业价值——投资不足的中介效应检验见表5-7。

表5-7 **资产剥离与当期企业价值——投资不足的中介效应检验**

项目	（1）	（2）	（3）
	TB	UnderInv	TB
Zcbl	0.004 （0.89）	0.002 （0.81）	0.338 （0.94）
UnderInv	—	—	2.230*** （3.98）
Lev	-0.7770** （-3.11）	-0.007 （-0.38）	-1.145*** （-3.73）
Roe	0.084 （0.93）	0.003 （0.23）	0.289 （0.89）
Growth	-0.006 （-0.13）	0.009*** （10.13）	0.009 （0.62）
Fcf	1.189 （1.92）	-0.048 （-1.21）	0.927 （1.28）
Size	-0.729*** （-15.94）	-0.003 （-0.90）	-0.764*** （-14.79）
Age	0.049 （0.61）	-0.0103 （-1.67）	0.221 （1.84）
SOE	-0.353** （-3.31）	-0.024*** （-3.82）	-0.302** （-2.47）
Dual	0.198 （1.74）	0.007 （1.03）	0.188 （1.50）

续表

项目	(1)	(2)	(3)
	TB	UnderInv	TB
Board	0.006 (0.23)	−0.000 (−0.07)	0.015 (0.53)
First	0.004 (1.22)	0.000 (0.18)	0.006 (1.77)
Year	控制		
Industry	控制		
Cons	17.18*** (17.59)	0.117 (1.93)	19.13*** (16.85)
N	1 927	1 532	1 532
R^2	0.466	0.194	0.503
R^2_a	0.433	0.132	0.463
F	14.07	3.14	12.77

注：括号内为t值，* p<0.1，** p<0.05，*** p<0.01。

资料来源：作者运用STATA14.0计算获得。

表5-7中，回归结果（1）—（3）分别显示了资产剥离（Zcbl）对企业价值（TB）的影响、资产剥离（Zcbl）对投资不足（UnderInv）的影响，以及资产剥离（Zcbl）、投资不足（UnderInv）对企业价值（TB）的联合影响。

回归（1）中，资产剥离系数α_1为0.004，未通过显著性水平检验。由于系数α_1显著是中介效应存在的前提，该结果表明在投资不足组中，企业资产剥离并未通过改善投资不足而对企业价值产生正向影响。

②资产剥离与前推一期企业价值。

资产剥离与前推一期企业价值——投资不足的中介效应检验见表5-8。

表5-8　资产剥离与前推一期企业价值——投资不足的中介效应检验

项目	(1)	(2)	(3)
	F1.TB	F1.UnderInv	F1.TB
Zcbl	0.077 (1.18)	-0.003 (-0.59)	0.091 (1.33)
F1.UnderInv	—	—	2.381*** (2.47)
Lev	-0.670 (-1.34)	0.007 (0.28)	-0.797 (-1.71)
Roe	0.375 (0.820)	-0.015 (-0.49)	0.367 (0.81)
Growth	0.082 (1.64)	0.023*** (7.63)	0.022 (0.38)
Fcf	1.201 (1.05)	-0.046 (-0.64)	1.284 (1.10)
Size	-0.849*** (-10.49)	0.003 (0.58)	-0.845*** (-10.72)
Age	0.263 (1.51)	-0.013 (-1.21)	0.248 (1.32)
SOE	-0.294 (-1.54)	-0.022 (-2.03)	-0.256 (-1.33)
Dual	0.2113 (1.05)	0.001 (0.08)	0.177 (0.92)
Board	-0.003 (-0.06)	-0.002 (-0.74)	-0.004 (-0.08)
First	0.008 (1.37)	0.000 (0.33)	0.006 (1.15)
Year	控制		

续表

项目	(1)	(2)	(3)
	F1.TB	F1.UnderInv	F1.TB
Industry	控制		
Cons	21.472*** (11.92)	0.146 (1.22)	19.593*** (11.07)
N	527	527	527
R^2	0.573	0.332	0.585
R^2_a	0.468	0.181	0.488
F	5.89	2.27	6.24

注：括号内为t值，* p<0.1，** p<0.05，*** p<0.01。

资料来源：作者运用STATA14.0计算获得。

表5-8中，回归结果（1）—（3）分别显示了资产剥离（Zcbl）对前推一期企业价值（TB）的影响、资产剥离（Zcbl）对前推一期投资不足（UnderInv）的影响，以及资产剥离（Zcbl）、前推一期投资不足（UnderInv）对前推一期企业价值（TB）的联合影响。

回归（1）中，资产剥离系数α_1为0.077，未通过显著性水平检验。由于系数α_1显著是中介效应存在的前提，该结果表明在投资不足组中，企业资产剥离并未通过改善投资不足而对前推一期企业价值产生正向影响。

综上可知，投资不足不是资产剥离影响企业价值的长效机制，其并未在资产剥离对当期企业价值以及前推一期企业价值的正向影响中发挥中介作用。资产剥离主要通过抑制过度投资进而对企业价值的提升产生促进作用。假设5-2得到了验证。

5.3.3 稳健性检验

本书中作者采用学者们广为使用的Sobel法对投资效率（Inv）中介效应的稳定性进行检验。Sobel检验依据Z值来判定中介效应是否存在。

$$Z = \frac{x \times y}{\sqrt{x^2 \times S_y^2 + y^2 \times S_x^2}} \quad \text{（式5-5）}$$

其中，x和y分别是自变量X和中介变量M的系数，S_x和S_y分别为系数x和y的标准误。若Z值显著（显著性水平0.05对应的临界值为0.97），则表明变量M具有中介效应，否则不存在中介效应。中介效应的Sobel检验见表5-9。

表5-9　　　　中介效应的sobel检验

路径	Zcbl—Inv—TB	Zcbl—F1. Inv—F1.TB	Zcbl—F2. Inv—F2.TB
Sobel检验 Z值	4.809	1.574	-1.375

资料来源：作者运用STATA14.0计算获得。

从表5-9中可知，无论是在资产剥离对企业价值的当期影响还是前推一期的影响中，Sobel检验下的Z值均大于5%显著性水平的临界值0.97，表明投资效率的多期中介效应存在。在资产剥离对企业价值前推二期的影响中，Sobel检验下的Z值小于5%显著性水平的临界值0.97，表明投资效率的中介效应不存在。

5.4　本章小结

本章中作者选择2010—2019年我国沪深A股上市公司为研究样本，将投资效率作为中介变量，通过构建中介效应模型，实证检验了资产剥离推动价值创造的内在机制。本章研究结果表明，投资效率是资产剥离影响企业价值的长效机制，其在资产剥离对企业价值的正向影响中发挥了中介作用，并且该中介作用在资产剥离对前推一期企业价值的影响中依然存在。通过进一步的分析作者发现，资产剥离主要通过抑制过度投资进而对企业价值产生持续影响。

以上研究结论有利于从财务维度、公司治理视角揭示资产剥离发挥效应的关键动力源。本章研究结果表明，企业投资行为扭曲、投资效率低下等问题会通过实施资产剥离得到缓解或解决，有代理问题的公司在实施资产剥离时会转变此类有害行为，为股东释放价值。

第6章 资产剥离、战略转型与企业价值

本书第4章和第5章从财务维度，为探寻资产剥离推动价值创造的作用机制提供了基于投融资视角的解释，揭示了资产剥离发挥作用的关键动力源。第5章的实证研究结果表明，投资效率在资产剥离对企业价值的正向影响中发挥了中介作用，并且该中介作用在资产剥离对前推一期企业价值的影响中依然存在。资产剥离可以通过改变企业所有权结构、资产结构和业务结构来对公司治理层面、战略层面产生影响。在优化公司治理的同时，资产剥离也代表了企业通过战略转型，谋求更高质量发展的动机与努力。唐清泉和李萍（2016）[1] 认为，资产剥离和业务归核是中国企业转型升级的起点。作为紧缩方式的资产剥离是基于价值创造，实现战略转型的重要手段（史习民和金晓勇，2015）[10]。财务和战略相互支撑，从而对企业价值产生系统性影响。因此，本章中作者将从战略维度，将战略转型作为中介变量构建方程，对“资产剥离—战略转型—企业价值”的路径进行检验，为探寻资产剥离影响企业价值的长效机制提供基于剥离动因视角的解释。

6.1 机制的理论分析与研究假设

6.1.1 资产剥离与战略转型

受2008年国际金融危机以及全球贸易萎缩的影响，我国经济下行压力很大，国内需求增速放缓，供需矛盾不断凸显。近年来，我国基础设施日趋完善，人口、环境和资源红利也正在消失，以基建投资拉动和低端加工制造业为主的传统经济增长模式，极易陷入“比较优势陷阱”①，难以为继（Hinloopen et al., 2004）[206]。特别是进入新常态后，经济发展动力从传统要素驱动转向创新驱动。然而，在当前市场环境下，中国各类要素成本上升，传统低成本优势逐渐弱化。在以往的经营模式下，企业的竞争优势难以维持（李若辉和关惠元，2019）[44]。2015年中央财经领导小组提出“供给侧结构性改革”，随后中央经济工作会议强调抓好“去产能、去库存、去杠杆、降成本、补短板”五大任务。其中，“去产能”被列为任务之首，鼓励企业通过“兼并重组”化解过剩产能，提高供给体系效率。通过实施战略剥离，退出落后的领域，布局新动能，是我国优化产业结构、推动产业转型升级所面临的现实问题。随着企业外部环境的日益复杂化和动态化，在面临发展机遇的同时，企业也面临着极为严峻的生存考验，战略转型的“再创业”之路是企业实现可持续发展的唯一选择（芮明杰等，2005）[45]。

资产剥离和业务归核是中国企业转型升级的起点（唐清泉和李萍，2016）[1]，鉴于资产剥离影响力的深度与广度，资产剥离被认为是“第三次工业革命”的重要特征之一（Jensen，1993）[152]。以2004年开始的受到瞩目的山西省大规模煤炭资源整合为例。长期以来，山西煤炭企业“多、小、散、乱”的产业格局始终无法打破，由此引发的矿难事故屡见不鲜、环境污染日趋严重、资本外流逐年增加、创新发展动力不足等问题得不到有效解决，进而影响到山西整体经济社会发展。在此背景

① 一国（尤其是发展中国家）完全按照比较优势，生产并出口初级产品和劳动密集型产品，则在与以技术和资本密集型产品出口为主的经济发达国家的国际贸易中，虽然能够获利，但贸易结构不稳定，总是处于不利地位，从而落入“比较优势陷阱”。

下，山西省政府于2004年开始全力推进全省煤炭产业整合。截至2009年年底，山西省矿井数量从2008年的约2 600座减少到1 053座，办矿主体由2 200多家减少到130家。截至2010年8月，共整合地方中小煤矿50座，建成近20座现代化的高效矿井。通过整合，全省煤炭生产能力保持在合理水平，产业集中度大幅提高，技术装备水平和自主创新能力进一步增强，资源综合利用水平进一步提高。

由此可见，资产剥离在优化企业资源和能力组合，促进企业战略转型方面发挥着积极的作用。企业不仅仅是有形产品的生产者，也是无形知识产品的创造者和传播者。上述特质决定了企业可以通过创造、构建并利用其特有的资源禀赋和知识禀赋来获得可持续竞争优势。基于此，企业可被视为机制的集合，该机制通过整合现有资源和创造全新资源实现超额利润（Loasby，1998）[207]。如果战略转型是公司特定产品或市场领域的重新组合，以及在它们之间资源的重新配置（Ansoff，1965）[208]，那么资产剥离等重组行为则体现了企业在资源约束的情况下，在高度竞争的市场环境中，主动适应和变革的战略选择，是企业获得核心能力并实现可持续发展的先决条件。

资源基础理论认为，拥有优越的资源有助于企业获得竞争优势，从而带来高于平均水平的绩效。该理论强调企业的核心竞争力取决于资源的异质性，企业所拥有的内部资源（财务资源和管理资源）的可用性限制决定了企业的业绩表现与发展方向，强调了资源促进企业转型、推动企业发展的重要战略意义（Penrose，1959；Barney，1991）[209][210]。以资源基础理论为基础，核心能力理论进一步对企业核心能力进行了概括，以VRIN来表示企业核心能力的特征，即企业的核心能力是有价值的、稀缺的、不可仿制的和不可替代的（Barney，1995）[73]。一方面，企业核心能力的基本特征决定了它能为企业带来竞争优势，也能创造价值；另一方面，不可避免地存在一定的“核心刚性”，从而抵制企业核心能力的变化。也就是说，在动态的市场环境中，能够为企业带来竞争优势的核心竞争力会由于路径依赖而逐渐转化为核心刚性（Leonard，1992）[211]，这就阻碍了企业进行必要的组织学习，也降低了企业感知和搜索外部环境信息的能力，使企业更倾向于开发现有资源，而不是寻找新资源。因此，“核心刚性”的存在制约了企业的战略转型，使企业的竞争优势在动态环境中难以持续（Zajac et al., 2000）[212]。基于此，Teece et al.[213]于1997年提出企业动态能力理论，指出动态能力是企业获取持续竞争优势的基础和前提。动态能力是贯穿于组织行为的各个阶段，能够促使组织根据环境变化及时调整行为决策并持续地构建、整合其内外部资源以获取持续竞争优势的一种弹性能力。动态能力由资源整合、资源重构和资源的获取与释放三种能力构成（Eisenhard & Martin, 2000）[214]，该能力对企业在动态环境下获取竞争优势发挥着重要的作用，对公司在静态环境下获取竞争优势同样具有一定的效果。

战略重组与企业竞争优势息息相关，是企业提升竞争力的重要动力源。资产剥离是企业并购战略的延伸和有机组成，也是企业巩固发展核心能力的有效手段（Galunic & Rodan, 1998）[215]。在资源约束的情形下，企业可以通过并购和资产剥离两条路径来进行战略调整（Kuusela et al., 2017）[185]。其能够在不改变资源基础的情况下，帮助企业实现对新资源的创造与获取，把资产剥离所释放的财务资源与人力资源投向更具前景的业务领域，企业可以保持并不断更新竞争优势（Vidal & Mitchell, 2018）[159]。适时、合理地利用并购、剥离等战略手段，可以帮助企业获得发展所需的战略资源，不断优化业务组合。

Capron et al.（2001）[86]分析了横向并购对企业长期业绩的影响，指出企业长期业绩水平取决于并购之后的整合过程，而非并购行为本身。对被剥离资产的选择将会对并购企业以及目标企业的核心竞争力、整体绩效产生不同的影响。由此表明，无论何种企业都无法在所有资源类型中拥有绝对优势，即便是属性完全相同的资源，其在不同企业中发挥的效用也大不相同（席思国，2002）[46]。这种资源互补融合的物质基础意味着企业需要以兼并、收购、剥离等手段，来获取互补性资源，在动态环境中获取持续的竞争优势。资源配置能力的不断强化能够使企业快速适应动态变化的市场环境，加速企业战略转型（Yi et al., 2014）[216]。

产业结构调整与产能过剩相互交织，企业转型升级从资产剥离开始，面对转型升级的压力和迫切要求，企业往往会大刀阔斧，对边缘业务和缺乏市场竞争力的业务进行剥离。资产剥离作为优化企业资源和能力组合的有效手段，成为促进企业创新、推动企业转型升级，实现企业价值提升的重要抓手，资产剥离对企业转型的推动作用如图6-1所示。

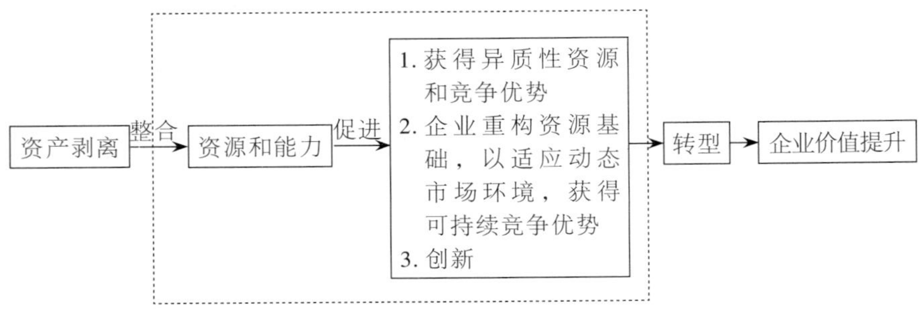

资料来源：以李小玉等（2015）[47]资料为基础，整理获得。

图6-1 资产剥离对企业转型的推动作用

6.1.2 战略转型的测度

企业资源包括一般性资源和战略性资源，战略性资源服务于企业可持续发展目标和企业战略的调整与重新定位，具有稀缺性、不可复制性、价值性和组织性（Barney，1991）[210]。在战略性资源中，研发投入作为重要的战略资源在创造知识方面发挥着基础性作用，而人力资源则是组织最为核心、最具能动性的战略性资源。中国的各类生产要素成本处于集中上升期，传统的低成本优势日益减弱，应从加快人力资本培育、注重技术创新等方面积极培育新型比较优势（任志成，2017）[48]。特别是高素质的专业人才是促进我国产业转型升级的重要驱动力。产业转型升级过程伴随着对人力资源，特别是高素质人才的需求，转型升级目标的实现应依托于高素质人才，应充分发挥其智库和开发市场潜能的先锋作用（郭俊华等，2018）[49]。

根据剥离的动因不同，资产剥离决策分为被动性剥离、战术性剥离和战略性剥离（Montgomery & Thomas，1988）[69]。被动性剥离是指企业发生严重的财务危机或迫于生存压力，以剥离资产来获取现金的行为。在这种情形下，企业的优质资产很有可能成为被剥离的对象。战术性剥离是以改善企业短期绩效为目的而实施的剥离，是指企业将发展潜力较差、盈利不佳或者冗余资产进行剥离，以提高剩余资产的运营效率，从而达到改善短期绩效的目的。战略性剥离是以可持续发展为目标，是企业谋求转型、实现新型业务创建的先决条件（Dranikoff et al., 2002）[57]。采用战略性剥离时，企业会通过剥离手段来获取关键的战略资源。采用被动性或战术性剥离时，企业则会把资源用于偿还债务、提供基础营运资本等非战略事项，以达到缓解财务压力、改善短期业绩的目的，在此情形下，企业没有意愿也没有能力进行战略性资源投入。因此，只有战略性剥离才会对企业研发创新和人才培养产生积极效应。由此可根据资产剥离与战略性资源之间的关系对剥离类型进行判定，若剥离的实施能够促进人力资本投入和（或）研发投入，则其属于战略性剥离，反之则为非战略性剥离。

Hoskisson & Hitt（1988）[217] 将企业研发投入强度的变化作为企业战略转型的表现；孔伟杰（2012）[50] 认为，自主创新能力在企业决策转型行为中起到关键作用，没有创新能力的企业难以实现企业的转型与升级。研究者以研发强度作为创新投入的测度标准，发现创新投入越大，企业转型升级的概率也越高。如果说资产剥离是企业战略转型的起点，那么研发投入和人力资本投入等关键性战略资源投入则是企业战略转型的反映。

鉴于剥离决策与战略性资源的逻辑关系，以及在战略性资源中人力资源和创新投入的重要性（人力资源是组织最为核心、最具能动性的战略性资源，研发投入则作为重要的战略资源在创造知识方面发挥着基础性的作用），本书中作者采用战略性资源投入，即创新投入和人力资本投入来判断企业资产剥离行为是否属于战略性剥离，以此作为企业战略转型的测度方法。

6.1.3 人力资本投入对研发投入的挤出效应

资产剥离因“信号传递效应”和“掏空效应”使得融资约束加剧，而融资约束问题会直接限制企业创新强度和主动性（周煜皓，2017）[52]。这意味着在转型过程中，企业必须就关键的战略性资源作出选择，以最大限度地实现自身价值的提升。

创新具有投入大、周期长、失败率高等特点，研发投入转化为生产力进而对企业价值产生影响具有较长的滞后性和较高的不确定性。人力资源，作为企业核心资源要素中的“第一要素”，是所有资源中最重要的资源。在经济增长中，人力资本的作用大于物质资本的作用（舒尔茨，1984）[53]。区别于研发投入效应的滞后性，人力资本在对创新产出的影响中发挥了更为显著的作用（卢馨，2013）[54]。相较于机器设备更新改良等固定资产投入，人力资本投入需要的资金数量相对较少、建设周期短；人力资本能够在以现有产能为基础或不需较大改变现有固定资产性能的前提条件下发挥效用，对受到较强融资约束的企业在具有较大的吸引力。企业实施剥离削减劳动力的同时，也亟需补充和更新人力资源、加大人力资本投入。

因此，在企业通过剥离以推动战略转型的决策中，存在战略性资源投入偏好的可能。与研发投入相比，企业更倾向于将剥离所释放的资源配置到人力资本当中，使得人力资本投入对研发投入产生挤出效应。综合上述分析，作者提出以下假设：

假设6-1：资产剥离是一种战略转型行为，其通过促进研发投入和人力资本投入等战略性资源投入，对企业价值产生正向影响。

假设6-2：资产剥离是一种战略转型行为，其通过促进人力资本投入对企业价值产生正向影响，人力资本投入对创新投入存在挤出效应。

6.2 研究设计

6.2.1 样本选取与数据来源

本书中作者仅对企业上市以后的资产剥离事件进行研究，主要包括上市公司及其子公司、控股公司出售有形资产、无形资产、股权和债权的行为。资产置换、分立和分拆上市不属于本书的研究范畴。本书中作者采用2010—2019年沪深A股上市公司为研究样本，相关数据均来自国泰安数据库和万得数据库。在此基础上：（1）剔除资产剥离及数据缺失样本；（2）企业在当年只发生了一次重组事件且该重组事件为资产剥离；（3）剔除ST类、ST*类、金融类上市企业以及资产剥离规模小于500万元的样本；（4）将当年发生多次的资产剥离合并为一次。为减少异常值可能造成的干扰，作者对所有变量进行1%和99%的winsorize处理，最终得到了4 593个观测值。

6.2.2 变量测度与定义

（1）被解释变量。本节将考察我国上市公司资产剥离对企业价值影响的内在机制，因此选取托宾Q值（TB）作为企业价值的测度标准。

（2）解释变量。为考察资产剥离对企业战略转型、资产剥离和战略转型对企业价值的联合影响，本节仍选取资产剥离（Zcbl）作为解释变量。

（3）中介变量。战略转型是本节的中介变量，采用战略性资源投入，包括研发投入（RD）和人力资本投入（HR）来表示。此做法借鉴了孔伟杰（2012）[50] 研发投入用“企业当年的研发支出/营业总收入”计算所得。借鉴黄贤环和王瑶（2019）[51]，将“应付职工薪酬/期末职工人数”作为人力资本投入的测度标准，并取对数进行分析。

（4）控制变量的选取。本章控制变量与第3章控制变量相同，故不再赘述。

6.2.3 中介效应模型设定

本书认为，研发投入在资产剥离对企业价值的正向影响中发挥了中介作用。作为企业转型升级的起点，资产剥离是企业优化资源和能力组合的有效手段，在帮助企业获取异质性资源、可持续竞争优势以及促进企业创新方面发挥重要作用。在对成长性较差业务进行缩减的同时，企业得以轻装上阵，积极转型，实现企业价值的不断提升。为了检验“资产剥离—战略转型—企业价值”的作用路径是否存在，作者参考温忠麟和叶宝娟（2014）[40] 的中介效应检验方法，以研发投入和人力资本投入作为中介变量进行检验，构建以下中介效应模型：

$$TB_{it} = \alpha_0 + \alpha_1 Zcbl_{it} + \alpha_2 Lev_{it} + \alpha_3 Roe + \alpha_4 Growth_{it} + \alpha_5 Fcf_{it} + \alpha_6 Size_{it} + \alpha_7 Age_{it}$$

$$+\alpha_8 SOE_{it} + \alpha_9 Board_{it} + \alpha_{10} Dual_{it} + \alpha_{11} First_{it} + \sum Year + \sum Industry + \varepsilon_{it}$$

（式6-1）

$$RD/HR_{it} = \beta_0 + \beta_1 Zcbl_{it} + \beta_2 Lev_{it} + \beta_3 Roe_{it} + \beta_4 Growth_{it} + \beta_5 Fcf_{it} + \beta_6 Size_{it} + \beta_7 Age_{it} + \beta_8 SOE_{it} + \beta_9 Board_{it} + \beta_{10} Dual_{it} + \beta_{11} First_{it} + \sum Year + \sum Industry + \varepsilon_{it}$$

（式6-2）

$$TB_{it} = \gamma_0 + \gamma_1 Zcbl_{it} + \gamma_2 RD_{it} + \gamma_3 Lev_{it} + \gamma_4 Roe_{it} + \gamma_5 Growth_{it} + \gamma_6 Fcf_{it} + \gamma_7 Size_{it} + \gamma_8 Age_{it} + \gamma_9 SOE_{it} + \gamma_{10} Board_{it} + \gamma_{11} Dual_{it} + \gamma_{12} First_{it} + \sum Year + \sum Industry + \varepsilon_{it}$$

（式6-3）

其中，TB为被解释变量，表示企业价值；Zcbl为解释变量，表示资产剥离；RD和HR为中介变量，分别表示研发投入和人力资本投入。α_0为常数项，ε表示扰动项，其余为控制变量。

参考温忠麟和叶宝娟（2014）[40]的方法，本书中作者按照以下步骤进行中介效应的检验。首先，对式6-1进行回归，在α_1显著的前提下，对式6-2和式6-3进行检验；若β_1和γ_2均显著，则间接效应$\beta_1\gamma_2$显著。其次，检验式6-3的系数γ_1，若γ_1不显著，则表明直接效应不显著，只存在中介效应，即完全中介效应；若γ_1显著，则表明存在部分中介效应。最后，比较间接效应$\beta_1\gamma_2$与直接效应γ_1的符号，若符号相同，则存在部分中介效应；若符号相反，则属于遮掩效应。

6.3 机制检验

6.3.1 描述性统计

表6-1列示了主要变量的描述性统计结果。

表6-1 变量描述性统计结果

Var	N	mean	sd	min	p25	p50	p75	max
TB	4 593	2.036	2.135	0.172	0.728	1.398	2.164	13.371
Zcbl	4 593	18.416	1.564	15.585	17.368	18.463	19.570	22.307
RD	893	4.748	5.623	0.000	1.940	3.370	5.420	71.870
HR	4 593	8.219	1.813	4.213	7.446	8.4963	9.313	14.662

6.3.2 实证结果分析

（1）研发投入的中介效应检验。

①资产剥离与当期企业价值。

资产剥离与当期企业价值——研发投入的中介效应检验见表6-2。

表6-2　资产剥离与当期企业价值——研发投入的中介效应检验

项目	(1)	(2)	(3)
	TB	RD	TB
Zcbl	0.058*** (3.21)	0.025 (0.21)	0.027 (0.55)
RD	—	—	0.036*** (2.37)
Lev	-1.321*** (-9.23)	-5.302** (-5.45)	-1.216*** (-3.02)
Roe	0.011*** (4.69)	-0.027 (-1.60)	0.036*** (5.44)
Growth	0.226*** (5.11)	-0.196 (-0.73)	0.247** (2.24)
Fcf	-1.169 (-0.47)	-1.063 (-0.4079)	-0.689 (-0.662)
Size	-0.877*** (-34.58)	-0.136 (-0.761)	1.2334** (-16.9813)
Age	0.018** (2.28)	-0.799 (-2.628)	0.272** (2.19)
SOE	-0.248*** (-4.13)	0.248 (0.59)	-0.241 (-1.41)
Dual	0.079 (1.31)	1.211*** (3.02)	0.017 (0.12)

续表

项目	(1)	(2)	(3)
	TB	RD	TB
Board	0.021 (1.56)	−0.055 (−0.52)	−0.023 (−0.51)
First	0.007*** (3.71)	−0.041*** (−3.50)	0.009* (1.91)
Year	控制		
Industry	控制		
Cons	19.561*** (35.42)	13.639*** (3.41)	27.409*** (16.73)
N	4 593	902	902
R^2	0.512	0.354	0.622
R^2_a	0.505	0.286	0.581
F	43.69	5.187	15.328

注：括号内为t值，* p<0.1，** p<0.05，*** p<0.01。

资料来源：作者运用STATA14.0计算获得。

表6-2中，回归结果（1）—（3）分别显示了资产剥离（Zcbl）对企业价值（TB）、资产剥离（Zcbl）对研发投入（RD）以及资产剥离（Zcbl）、研发投入（RD）对企业价值（TB）的影响。

从表6-2可以看出，回归（1）中资产剥离与企业价值的回归系数α_1（0.058）为正，且在1%的水平上显著。回归（2）中的资产剥离与研发投入的回归系数β_1（0.025）为正，并未通过显著性检验，这表明资产剥离的实施未对当期企业创新活动起到促进作用，故研发投入并未在资产剥离与当期企业价值中发挥中介作用。

②资产剥离与前推期企业价值。

资产剥离与前推一期企业价值——研发投入的中介效应检验见表6-3。

表6-3 资产剥离与前推一期企业价值——研发投入的中介效应检验

项目	(1)	(2)	(3)
	F1.TB	F1.RD	F1.TB
Zcbl	0.058*** (2.78)	0.036 (0.27)	0.092* (1.64)
F1.RD	—	—	0.0679*** (4.08)
Lev	−0.978*** (−6.17)	−5.547*** (−5.2178)	−1.347*** (−3.31)
Roe	0.001*** (4.73)	−0.018* (−1.93)	0.0337*** (5.36)
Growth	0.147*** (3.53)	−0.319 (−1.47)	0.188* (1.65)
Fcf	−0.119 (−0.31)	−0.306 (−0.11)	−0.637 (−0.60)
Size	−0.912*** (−33.47)	−0.127 (−0.66)	−1.151*** (−15.25)
Age	0.095** (1.74)	−0.936* (−2.48)	0.398*** (2.74)
SOE	−0.271*** (−4.20)	0.238 (−2.48)	−0.086 (−0.49)
Dual	0.1158* (1.67)	0.411 (1.04)	0.284 (0.16)
Board	0.0253* (1.89)	−0.137 (−1.28)	−0.044 (−1.11)
First	0.0074*** (3.63)	−0.043*** (−3.44)	0.006 (1.15)
Year	控制		

续表

项目	(1)	(2)	(3)
	F1.TB	F1.RD	F1.TB
Industry	控制		
Cons	19.561*** (35.42)	15.41*** (3.46)	25.612*** (15.08)
N	3 688	708	708
R^2	0.5117	0.342	0.622
R^2_a	0.4803	0.251	0.559
F	35.81	3.746	11.656

注：括号内为t值，* $p<0.1$，** $p<0.05$，*** $p<0.01$。

资料来源：作者运用STATA14.0计算获得。

表6-3中，回归结果（1）—（3）分别显示了资产剥离（Zcbl）对前推一期企业价值（F1.TB）的影响、资产剥离（Zcbl）对前推一期研发投入（F1.RD）的影响，以及资产剥离（Zcbl）、前推一期研发投入（F1.RD）对前推一期企业价值（F1.TB）的联合影响。从表6-3可以看出，回归（1）中，资产剥离与企业价值的回归系数α_1（0.058）为正，且在1%的水平上显著。回归（2）中，资产剥离与研发投入的回归系数β_1（0.036）为正，并未通过显著性检验，这表明当期资产剥离的实施未对企业未来研发活动产生促进作用。因此，研发投入并未在资产剥离对前推一期企业价值的正向影响中发挥中介作用。

资产剥离与前推二期企业价值——研发投入的中介效应检验见表6-4。

表6-4　**资产剥离与前推二期企业价值——研发投入的中介效应检验**

项目	(1)	(2)	(3)
	F2.TB	F2.RD	F2.TB
Zcbl	0.045** (2.63)	0.670 (0.48)	0.147** (2.023)

续表

项目	(1)	(2)	(3)
	F2.TB	F2.RD	F2.TB
F2.RD			0.047** (5.47)
Lev	-0.833*** (-4.15)	-3.082*** (-3.13)	-0.881* (-1.91)
Roe	0.014*** (5.34)	-0.024* (-1.83)	0.028*** (3.25)
Growth	0.113** (2.24)	-0.000 (-0.01)	0.261* (1.71)
Fcf	0.594 (1.38)	0.175 (0.07)	0.765 (0.61)
Size	-0.918*** (-30.34)	-0.296 (-1.56)	-1.125** (-12.63)
Age	0.129* (1.82)	-0.781** (-2.10)	0.362** (2.08)
SOE	-0.263*** (-3.69)	-0.028 (-0.07)	-0.150 (-0.74)
Dual	0.158** (2.03)	-0.250 (-0.64)	0.156 (0.86)
Board	0.018 (1.04)	-0.116 (-1.14)	-0.085* (-1.74)
First	0.006*** (3.14)	-0.017 (-1.43)	0.008 (1.53)
Year	控制		
Industry	控制		

续表

项目	（1）	（2）	（3）
	F2.TB	F2.RD	F2.TB
Cons	21.527*** （31.68）	18.02*** （4.06）	25.16*** （11.88）
N	3 089	554	554
R^2	0.515	0.358	0.619
R^2_a	0.498	0.253	0.537
F	30.01	3.227	8.561

注：括号内为t值，* p<0.1，** p<0.05，*** p<0.01。

资料来源：作者运用STATA14.0计算获得。

表6-4中，回归结果（1）—（3）分别显示了资产剥离（Zcbl）对前推二期企业价值（F2.TB）的影响、资产剥离（Zcbl）对前推二期研发投入（F2.RD）的影响，以及资产剥离（Zcbl）、前推二期研发投入（F2.RD）对前推二期企业价值（F2.TB）的联合影响。从表6-4可以看出，回归（1）中，资产剥离与前推二期企业价值的回归系数α_1（0.045）为正，且在5%的水平上显著，表明资产剥离的实施对前推二期的企业价值产生促进作用。回归（2）中，资产剥离与前推二期研发投入的回归系数β_1（0.670）为正，并未通过显著性检验，表明资产剥离的实施未对前推二期的企业研发投入产生影响。因此，在资产剥离对前推二期企业价值的正向影响中，研发投入并未发挥中介作用。

综合上述分析可知，资产剥离对企业当前以及未来的研发投入均未产生显著影响。因此，在资产剥离对企业价值的正向影响中，研发投入并未发挥中介作用，研发投入不是资产剥离作用于企业价值的长效机制。以上结果可能存在以下两种解释：第一，资产剥离主要体现了企业的财务行为而非战略行为，因此资产剥离并未通过推动企业战略转型带来企业价值的提升。第二，在剥离企业融资约束程度加剧的情况下，鉴于研发投入具备周期长、风险高的特点，实施资产剥离的企业可能倾向于采用更为直接的投入方式来推动企业的战略转型。因此，接下来需要对人力资本投入的中介效应进行检验。

（2）人力资本投入的中介效应检验。

①资产剥离与当期企业价值。

资产剥离与企业价值——人力投入的中介效应检验见表6-5。

表6-5 **资产剥离与企业价值——人力投入的中介效应检验**

项目	(1)	(2)	(3)
	TB	HR	TB
Zcbl	0.058*** (3.21)	0.069*** (3.28)	0.052*** (2.87)
HR	—	—	0.082*** (2.74)
Lev	-1.321*** (-9.23)	-1.122 (-0.78)	-1.311*** (-9.11)
Roe	0.011*** (4.69)	-0.006** (-2.36)	0.011*** (4.97)
Growth	0.226*** (5.11)	-1.111** (2.17)	0.223*** (5.28)
Fcf	-1.169 (-0.47)	1.232*** (3.04)	-0.270 (-0.83)
Size	-0.877*** (-35.58)	0.571*** (2.61)	-0.939*** (-34.98)
Age	0.018** (2.28)	0.111** (-2.15)	0.125*** (2.61)
SOE	-0.248*** (-4.13)	0.137** (2.12)	-0.275*** (-4.81)
Dual	0.079 (1.25)	0.004 (0.07)	0.083 (1.37)

续表

项目	(1)	(2)	(3)
	TB	HR	TB
Board	0.021 (1.56)	0.015 (1.02)	0.023* (1.69)
First	0.007*** (3.71)	0.005 (2.38)	0.006*** (3.42)
Year	控制		
Industry	控制		
Cons	19.561*** (35.42)	-12.741*** (-20.28)	20.643*** (35.48)
N	4 593	4 523	4 523
R^2	0.512	0.369	0.523
R^2_a	0.505	0.360	0.510
F	43.69	23.78	44.13

注：括号内为t值，* p<0.1，** p<0.05，*** p<0.01。

资料来源：作者运用STATA14.0计算获得。

表6-5中，回归结果（1）—（3）分别显示了资产剥离（Zcbl）对企业价值（TB）的影响、资产剥离（Zcbl）对人力资本投入（HR）的影响，以及资产剥离（Zcbl）、人力资本投入（HR）对企业价值（TB）的联合影响。

从表6-5可以看出，回归（1）中，资产剥离与企业价值的回归系数α_1（0.058）显著为正，表明资产剥离对企业价值的提升有显著的促进作用。回归（2）中，资产剥离与人力资本投入的回归系数β_1（0.069）为正，且在1%的水平上显著，表明资产剥离的实施使得企业加大了人力资本投入。回归（3）中，人力资本投入与企业价值的回归系数γ_2（0.082）为正，且在1%的水平上显著，同时，资产剥离与企业价值的回归系数γ_1（0.052）为正，且在1%的水平上显著。结果表明，

间接效应 $\beta_1\gamma_2$ 与直接效应 γ_1 的符号相同，故存在中介效应。从上述分析可知，在资产剥离对当期企业价值的影响中，人力资本投入发挥了中介作用。

②资产剥离与前推期企业价值。

资产剥离与前推一期企业价值——人力投入的中介效应检验见表6-6。

表6-6　**资产剥离与前推一期企业价值——人力投入的中介效应检验**

项目	(1)	(2)	(3)
	F1.TB	F1.HR	F1.TB
Zcbl	0.058*** (2.78)	0.098*** (4.38)	0.049*** (2.76)
F1.HR	—	—	0.087*** (5.47)
Lev	-0.978*** (-6.17)	-0.082 (-0.51)	-0.969*** (-6.42)
Roe	0.001*** (4.73)	-0.044** (-2.27)	0.011*** (4.86)
Growth	0.147*** (3.53)	-0.097** (-2.02)	0.163*** (3.68)
Fcf	-0.116 (-0.31)	1.612*** (3.87)	-0.265 (-0.74)
Size	-0.911*** (-33.47)	0.541*** (17.42)	-0.954*** (-33.92)
Age	0.095** (1.74)	-0.166** (-2.58)	0.114** (2.01)
SOE	-0.2733*** (-4.20)	0.175*** (2.60)	-0.287*** (-4.74)

续表

项目	(1)	(2)	(3)
	F1.TB	F1.HR	F1.TB
Dual	0.116* (1.67)	-0.016 (-0.23)	0.118* (1.83)
Board	0.025* (1.89)	-0.002 (-0.15)	0.029** (1.92)
First	0.007*** (3.63)	0.003* (1.74)	0.007*** (3.45)
Year	控制		
Industry	控制		
Cons	19.561*** (35.42)	-12.293*** (-18.22)	22.148*** (35.58)
N	3 688	3 688	3 688
R^2	0.512	0.523	0.515
R^2_a	0.478	0.503	0.504
F	35.72	36.64	36.09

注：括号内为t值，* p<0.1，** p<0.05，*** p<0.01。

资料来源：作者运用STATA14.0计算获得。

表6-6中，回归结果（1）—（3）分别显示了资产剥离（Zcbl）对前推一期企业价值（F1.TB）的影响、资产剥离（Zcbl）对前推一期人力资本投入（F1.HR）的影响，以及资产剥离（Zcbl）、前推一期人力资本投入（F1.HR）对前推一期企业价值（F1.TB）的联合影响。从表6-6可以看出，回归（1）中，资产剥离与前推一期企业价值的回归系数α_1（0.058）为正，且在1%的水平上显著，表明资产剥离对前推一期企业价值的提升具有促进作用。回归（2）中，资产剥离与前推一期人力资本投入的回归系数β_1（0.098）为正，且在1%的水平上显著，表明当期资产剥离仍能对前推一期的人力资本投入产生促进作用。回

归（3）中，人力资本投入与前推一期企业价值的回归系数 γ_2（0.087）为正，且在1%的水平上显著；同时，资产剥离与前推一期企业价值的回归系数 γ_1（0.049）为正，且在1%的水平上显著。结果表明，间接效应 $\beta_1\gamma_2$ 与直接效应 γ_1 的符号相同，存在中介效应。从上述分析可知，在资产剥离对前推一期企业价值的影响中，人力资本投入发挥了中介作用。

资产剥离与前推二期企业价值——人力投入的中介效应检验见表6-7。

表6-7　**资产剥离与前推二期企业价值——人力投入的中介效应检验**

项目	（1）	（2）	（3）
	F2.TB	F2.HR	F2.TB
Zcbl	0.046** （2.63）	0.098*** （3.91）	0.034 （1.71）
F2.HR	—	—	0.102*** （5.98）
Lev	−0.832*** （−4.15）	−0.192 （−0.87）	−0.832*** （−4.74）
Roe	0.014*** （5.34）	−0.005* （−1.68）	0.016*** （6.12）
Growth	0.113** （2.24）	−0.088 （−1.58）	0.121** （2.37）
Fcf	0.584 （1.38）	1.922*** （4.08）	0.391 （0.97）
Size	−0.918*** （−30.34）	0.557*** （16.21）	−0.981*** （−31.32）
Age	0.129* （1.82）	−0.264*** （−3.22）	0.162** （2.35）
SOE	−0.263*** （−3.69）	0.251*** （3.23）	−0.287*** （−4.19）

续表

项目	(1)	(2)	(3)
	F2.TB	F2.HR	F2.TB
Dual	0.158** (2.03)	0.049 (0.57)	0.152** (1.93)
Board	0.018 (1.04)	-0.028 (-1.28)	0.021 (1.16)
First	0.006*** (3.14)	1.08 (0.0027)	0.007*** (3.08)
Year	控制		
Industry	控制		
Cons	21.5274*** (31.68)	-12.1322*** (-15.54)	23.404*** (33.53)
N	3 089	3 089	3 089
R^2	0.5147	0.4963	0.524
R^2_a	0.4978	0.4758	0.506
F	30.01	27.43	30.58

注：括号内为t值，* p<0.1，** p<0.05，*** p<0.01。

资料来源：作者运用STATA14.0计算获得。

表6-7中，回归结果（1）—（3）分别显示了资产剥离（Zcbl）对前推二期企业价值（F2.TB）的影响、资产剥离（Zcbl）对前推二期人力资本投入（F2.HR）的影响，以及资产剥离（Zcbl）、前推二期人力资本投入（F2.HR）对前推二期企业价值（F2.TB）的联合影响。从表6-7可以看出，回归（1）中资产剥离与前推二期企业价值的回归系数α_1（0.046）为正，且在5%的水平上显著，表明资产剥离促进了企业长期价值的提升。回归（2）中，资产剥离与前推二期人力资本投入的回归系数β_1（0.098）为正，且在1%的水平上显著，表明资产剥离的实施促进了企业人力资本投入。回归（3）中，人力资本投入与

前推二期企业价值的回归系数γ_2（0.102）为正，且在1%的水平上显著；同时，资产剥离与前推二期企业价值的回归系数γ_1（0.034）为正，且未通过显著性检验。结果表明，间接效应$\beta_1\gamma_2$与直接效应γ_1的符号相同，且系数γ_1不显著，故存在完全中介效应。然而，温忠麟等（2014）[40]指出完全中介和部分中介概念缺乏科学性，应放弃完全中介的概念，将所有中介都看作部分中介。基于此，虽然回归（3）中Zcbl的系数γ_1不显著，但也应判定人力资本投入发挥了部分中介效应，而非完全中介效应。

从上述分析可知，人力资本投入在资产剥离对企业价值的短期及长期影响中都发挥了中介作用，人力资本投入是资产剥离影响企业价值的长效机制。结果表明，资产剥离是企业的一种战略调整行为。在此过程中，伴随着对人力资本的持续需求，向新市场、新领域的涉足需要企业不断储备人力资源，发挥人力资本的能动性，加速企业战略转型。区别于研发投入周期长、风险高的特点，在企业融资约束加剧的情况下，由于人力资源能够快速转化为企业生产力，发挥重要的智库作用，因此能够对企业价值产生更为直接的影响。由此证实前文的推断，在企业战略转型决策中，与研发投入相比，企业更倾向于人力资本投入，人力资本投入对研发投入具有挤出效应，假设6-2得到了验证。

6.3.3 稳健性检验

本书中作者采用学者们广为使用的Sobel法对研发投入（RD）和人力资本投入（HR）的中介效应的稳健性进行检验。Sobel检验依Z值来判定中介效应是否存在。

$$Z = \frac{x \times y}{\sqrt{x^2 \times S_y^2 + y^2 \times S_x^2}} \quad \text{（式6-4）}$$

其中，x和y分别是自变量X和中介变量M的系数，S_x和S_y分别为x和y的标准误。若Z值显著（显著性水平0.05对应的临界值为0.97），则表明变量M存在中介效应，否则不存在中介效应。

中介效应的Sobel检验见表6-8。

表6-8 **中介效应的Sobel检验**

路径	Sobel检验
	Z值
Zcbl—RD—TB	-0.516
Zcbl—F1.RD—F1.TB	0.871
Zcbl—F2.RD—F2.TB	0.515
Zcbl—HR—TB	0.527
Zcbl—F1.HR—F1.TB	1.0123
Zcbl—F2.HR—F2.TB	0.994

资料来源：作者运用STATA14.0计算获得。

从表6-8中可知，无论是在资产剥离对企业价值的短期影响还是长期影响中，Sobel检验下的研发投入的Z值均小于5%显著性水平的临界值0.97，表明研发投入的中介效应不存在；在资产剥离对企业价值的当期影响中，人力资本投入的Z值小于0.97，表明其中介效应不存在；在资产剥离对前推一期和前推二期企业价值的影响中，人力资本投入的Z值均大于5%显著性水平的临界值为0.97，表明人力资本投入的多期中介效应是存在的。

6.4 本章小结

本章选取2010—2019年我国沪深A股上市公司为研究样本，采用战略性资源投入（包括研发投入和人力资本投入）作为战略转型的测度标准，构建中介效应模型，实证检验了资产剥离推动价值创造的内在机制，揭示了企业资产剥离动因。

本章研究表明，从剥离动因来看，资产剥离是一种战略调整行为，战略性资源投入是资产剥离影响企业价值的长效机制。在战略转型的过程中，资产剥离主要通过强化人力资本投入进而对企业价值产生正向影响，研发投入并未在资产剥离对企业价值的正向影响中发挥中介作用。

资产剥离的实施使得企业融资约束加剧，意味着在转型过程中，企业必须对关键战略性资源作出选择，以最大程度实现自身价值的提升。因高风险、长周期等特点，研发投入转化为生产力进而对企业价值产生影响的过程具有较长的滞后性和较高的不确定性。相比之下，人力资本投入具有以下特点：首先，相较于机器设备更新改良等投入，人力资本投入需要的资金数量相对较少、建设周期短。其次，人力资本能够在以现有产能为基础或在不需较大改变现有固定资产性能的前提条件下发挥效用，对存在较严重融资约束的企业具有较大吸引力。因此，在企业转型升级的过程中，存在战略性资源投入偏好，使得人力资本投入对研发投入产生挤出效应。

以上研究结论有利于研究者明确企业资产剥离动因，了解资产剥离影响企业价值的关键动力源。鉴于战略转型可能是归核化战略转型，也可能是实现在全新领域转变的非归核化转型（吴家曦和李华燊，2009）[55]，后续章节将围绕战略转型方式展开进一步研究。

第7章　资产剥离、归核化与企业价值

本书第6章为探寻资产剥离推动价值创造的作用机制提供了基于剥离动因视角的解释。实证结果表明，资产剥离是一种战略转型行为。在此过程中，资产剥离通过促进战略性资源投入对企业价值产生正向影响。鉴于企业战略转型可能是归核化战略转型，也可能是实现在全新领域转变的非归核化转型（吴家曦和李华燊，2009）[55]，本章将继续从战略维度将归核化作为中介变量构建方程，对“资产剥离—归核化—企业价值”的路径进行检验，为探寻资产剥离影响企业价值的长效机制提供基于转型方式视角的解释。

7.1　机制的理论分析与研究假设

付彦等（2015）[7] 指出，作为重要的战略选择，归核化和多元化代表了企业两种截然不同的方向定位，会对企业的可持续发展产生重大影响。

基于剥离动因视角，“专业化论”认为资产剥离是企业归核化的有效途径，是强化核心竞争力、提升效率的一种价值创造行为。“归核化”的核心思想在于集中资源做好优势业务，意味着企业把经营重点放在价值链中最具竞争力的环节，识别和培育核心能力（崔世娟等，2015）[16]。如果部门与母公司核心业务之间缺乏相关性，彼此依赖程度较低，那么剥离发生的概率就相对较高（Zuckerman，2000）[218]，并且当多元化水平超过一定限度时，企业资源配置效率会随着多元化程度的继续提高而下降。与此同时，过度多元化导致的组织高度复杂性也可能会引发业务间负协同效应的产生。由于持有较多无法弥补机会成本的不良资产，干扰了公司其他业务单元的正常经营活动，并且过度消耗了诸如管理层精力等企业内部资源，使得公司管理层失去了业务部门之间实现协同作用的意愿（Nguyen，2016）[90]。被剥离的业务往往会导致有价值资源的无效耗费，资源的过于分散，使得企业核心业务由于缺乏足够的资源支持而萎缩、停滞，最终导致企业核心产品盈利能力下降、竞争优势丧失。

基于企业边界视角，Santos & Eisenhardt（2005）[219]提出四种不同的企业边界概念：权力边界、能力边界、效率边界和身份边界。其中，企业的权力边界具有明显的弹性，并非一成不变。对边界的调整行为反映了企业的不同战略决策，企业既可以扩大权力范围来开拓市场、分散风险，也可以缩小权力范围来回归主业增强核心竞争优势。企业的边界取决于企业资源与核心能力的组合，在企业能力的边界上，企业资源与核心能力的组合价值得以最大化，企业核心竞争优势最有可能实现。企业资源与核心能力组合价值最大化意味着企业的生产经营都应围绕自己的核心业务开展，集中精力只完成属于核心业务范畴的活动（Prahalad & Hamel，1990）[72]。高度的组织复杂性及其对企业生产效率的负面影响可能会导致多元化企业考虑缩小其边界，导致企业垂直边界缩小的纵向剥离是对行业需求冲击的最佳反应。伴随着纵向剥离，组织复杂性大大降低，资产所有权转移至资产配置效率最高的地方，企业从专业化和规模经济中受益（Jain et al.，2011）[81]。

企业对其目标的不断升级和演进，会导致资源和目标的不完全匹配。价值链上各节点对生产要素的需求有所差异，意味着企业只能在某些节点上拥有相对优势，不同的企业只能在具有比较优势的环节发展核心能力（席思国，2002）[46]，由此产生战略差距。在此情形下，企业可以实施归核化战略，以充分利用企业外部的共享要素，有效克服资源缺位障碍，从而形成新的利益源泉和竞争优势。不管是新兴企业还是传统企业，都在主动或被动地跨越企业边界、整合产业链和重构价值体系。在企业构建核心竞争力并对其进行维护的过程中，对业务结构和资产结构的调整成为必然，资产剥离是实现该调整过程的重要手段（唐清泉和李萍，2016）[1]。

由此可知，资产剥离是企业实现归核化转型的有效途径，但同时，剥离可能意味着企业将涉足新业务，实现在全新领域转变的非归核化转型。

企业在退出一些市场的同时，会进入另一些市场，通过对资源的重新配置，寻找新的利润增长点（Helfat & Eisenhardt，2004）[88]。在受到资源约束的情形下，企业可以通过并购和剥离两条路径来进行战略调整。区别于并购所代表的资源消耗型策略（Kuusela et al.，2017）[185]，资产剥离能够在不改变资源基础的情况下，帮助企业实现对新资源的创造与获取，把剥离所释放的财务资源与人力资源投向更具前景的业务领域，可以保持并不断更新其竞争优势（Vidal & Mitchell，2018）[159]。

综合上述分析，作者提出以下竞争性假设：

假设7-1：资产剥离通过归核化转型对企业价值产生影响，归核化转型是资产剥离影响企业价值的长效机制。

假设7-2：资产剥离通过非归核化转型对企业价值产生影响，非归核化转型是资产剥离影响企业价值的长效机制。

7.2 研究设计

7.2.1 样本选取与数据来源

本书仅对企业上市以后的资产剥离事件进行研究，主要包括上市公司及其子公司、控股公司出售有形资产、无形资产、股权和债权的行为。资产置换、分立和分拆上市不属于本书的研究范畴。本书中作者采用2010—2019年沪深A股上市公司为研究样本，相关数据均来自国泰安数据库和万得数据库。在此基础上，（1）剔除资产剥离数据缺失样本；（2）企业在当年只发生了一次重组事件且该重组事件为资产剥离；（3）剔除ST类、ST*类、金融类上市企业以及资产剥离规模小于500万元的样本；（4）将当年发生多次的资产剥离合并为一次。为减少异常值可能造成的干扰，作者对所有变量进行1%和99%的winsorize处理，最终得到了4 593个观测值。

7.2.2 变量测度与定义

（1）被解释变量。本节考察了我国上市公司资产剥离对企业价值影响的作用机制，因此仍选取托宾Q值（TB）作为企业价值的测度标准。

（2）解释变量。为考察资产剥离对归核化转型的影响以及资产剥离、归核化转型对企业价值的联合影响，本节选取资产剥离（Zcbl）作为解释变量。

（3）中介变量。归核化是本节研究的中介变量，本书中作者采用“多元化程度（Ebi）”和“主营业务（Core）”，从量和质两个方面来作为归核化的测度标准。借鉴Jacquemin & Berry（1979）[220]，采用熵指数法来测度企业多元化程度，计算式为$EDI=\sum_{t=1}^{n}p_t\ln(\frac{1}{p_t})$。其中，n表示公司涉及的行业数量；$P_t$表示公司内第t个行业的销售额占全部行业销售额的比重。EDI值越大，表示企业多元化程度越高。主营业务，即主营业务的盈利能力，用“主营业务收入/营业总收入”表示。

（4）控制变量。本章中对控制变量的设定与选取同本书第3章实证检验对控制变量的设定与选取，故不再赘述。

7.2.3 中介效应模型设定

本书认为，基于战略层面，资产剥离是企业业务归核的有效途径。作为企业战略调整的有机方式及资源优化配置过程的有机组成，剥离的实施使得企业在对其不相关业务、盈利性差的业务进行收缩的同时，得以利用剥离所释放的资源实现对核心业务的夯实与扩张，以获得持久的核心竞争力。为了检验“资产剥离—归核化—企业价值”的作用路径是否存在，参考温忠麟和叶宝娟（2014）[40]的中介效应检验方法，作者以归核化作为中介变量进行实证检验，构建以下中介效应模型：

$$TB_{it} = \alpha_0 + \alpha_1 Zcbl_{it} + \alpha_2 Lev_{it} + \alpha_3 Roe_{it} + \alpha_4 Growth_{it} + \alpha_5 Fcf_{it} + \alpha_6 Size_{it} + \alpha_7 Age_{it} + \alpha_8 SOE_{it} + \alpha_9 Board_{it} + \alpha_{10} Dual_{it} + \alpha_{11} First_{it} + \sum Year + \sum Industry + \varepsilon_{it} \quad (式7-1)$$

$$Ebi/Core_{it} = \beta_0 + \beta_1 Zcbl_{it} + \beta_2 Lev_{it} + \beta_3 Roe_{it} + \beta_4 Growth_{it} + \beta_5 Fcf_{it} + \beta_6 Size_{it} + \beta_7 Age_{it} + \beta_8 SOE_{it} + \beta_9 Board_{it} + \beta_{10} Dual_{it} + \beta_{11} First_{it} + \sum Year + \sum Industry + \varepsilon_{it} \quad (式7-2)$$

$$TB_{it} = \gamma_0 + \gamma_1 Zcbl_{it} + \gamma_2 Ebi/Core_{it} + \gamma_3 Lev_{it} + \gamma_4 Roe_{it} + \gamma_5 Growth_{it} + \gamma_6 Fcf_{it} + \gamma_7 Size_{it} + \gamma_8 Age_{it} + \gamma_9 SOE_{it} + \gamma_{10} Board_{it} + \gamma_{11} Dual_{it} + \gamma_{12} First_{it} + \sum Year + \sum Industry + \varepsilon_{it} \quad (式7-3)$$

其中，TB为被解释变量，表示企业价值；Zcbl为解释变量，表示资产剥离；归核化为中介变量，用Ebi（企业多元化程度）和Core（主营业务盈利能力）表示；α_0为常数项，ε表示扰动项，其余为控制变量。

参考温忠麟和叶宝娟（2014）[40]的方法，本书中作者按照以下步骤进行中介效应检验。首先，对式7-1进行回归，在α_1显著的前提下，对式7-2和式7-3进行检验；若β_1和γ_2均显著，则间接效应$\beta_1\gamma_2$显著。其次，检验式7-3的系数γ_1，若γ_1不显著，则表明直接效应不显著，只存在中介效应，即完全中介效应；若γ_1显著，则表明存在部分中介效应。最后，比较间接效应$\beta_1\gamma_2$与直接效应γ_1的符号，若符号相同，则存在部分中介效应；若符号相反，则属于遮掩效应。

7.3 机制检验

7.3.1 描述性统计

变量描述性统计结果见表7-1。从表中可以看出，我国实施资产剥离的上市公司多元化程度最小值为0.000，最大值为2.092，均值为0.488，公司间存在显著差异。主营业务盈利能力最小值为0.002，最大值为3.093，均值为0.645，公司间存在显著差异。

表7-1 变量描述性统计结果

Var	N	mean	sd	min	p25	p50	p75	max
TB	4 593	2.036	2.1354	0.172	0.728	1.398	2.164	13.371
Zcbl	4 593	18.416	1.564	15.585	17.368	18.463	19.570	22.307
Ebi	4 593	0.488	0.453	0.000	0.045	0.410	0.795	2.092
Core	4 593	0.645	0.343	0.002	0.382	0.660	1.000	3.093

7.3.2 实证结果分析

（1）多元化程度的中介效应检验。

①资产剥离与当期企业价值。

资产剥离与当期企业价值——多元化程度的中介效应检验见表7-2，回归结果（1）—（3）分别显示了资产剥离（Zcbl）对企业价值（TB）的影响、资产剥离对企业多元化程度（Ebi）的影响，以及资产剥离（Zcbl）、多元化程度（Ebi）对企业价值（TB）的联合影响。

表7-2 资产剥离与当期企业价值——多元化程度的中介效应检验

项目	（1）	（2）	（3）
	TB	Ebi	TB
Zcbl	0.058*** （3.21）	0.009 （1.48）	0.075* （1.95）
Ebi	—	—	0.218* （1.89）
Lev	-1.321*** （-9.23）	-0.031 （-1.47）	0.783*** （6.77）
Roe	0.011*** （4.69）	-0.034 （-1.71）	0.495*** （4.25）

续表

项目	(1)	(2)	(3)
	TB	Ebi	TB
Growth	0.226***	0.000	0.001
	(5.11)	(1.96)	(0.88)
Fcf	−1.169	−0.094	−1.181**
	(−0.47)	(−1.33)	(−2.72)
Size	−0.877***	0.060***	−1.287***
	(−34.58)	(8.08)	(−28.59)
Age	0.018**	0.093***	0.257**
	(2.28)	(6.11)	(2.84)
SOE	−0.247***	0.043*	−0.350**
	(−4.13)	(2.28)	(−3.17)
Dual	0.079	0.029	0.153
	(1.25)	(1.58)	(1.26)
Board	0.021	−0.007	0.018
	(1.56)	(−1.54)	(0.64)
First	0.007***	−0.001	0.009**
	(3.71)	(−1.81)	(2.83)
Year	控制		
Industry	控制		
Cons	19.561***	−1.072***	26.47***
	(35.42)	(−6.53)	(26.18)
N	4 593	2 207	2 207
R^2	0.512	0.177	0.411
R^2_a	0.505	0.148	0.383
F	43.69	7.08	22.52

注：括号内为t值，* p<0.1，** p<0.05，*** p<0.01。

资料来源：作者运用STATA14.0计算获得。

从表7-2可以看出，回归（1）中，资产剥离与企业价值的回归系数α_1（0.058）显著为正，表明资产剥离对企业价值的提升有着明显的促进作用。回归（2）中，资产剥离与多元化程度的回归系数β_1（0.009）为正，未通过显著性检验，表明资产剥离的实施并未对企业多元化程度产生显著影响，故在资产剥离对企业价值的正向影响中，多元化程度并未发挥中介作用。

②资产剥离与前推期企业价值。

资产剥离与前推一期企业价值——多元化程度的中介效应检验见表7-3，回归结果（1）—（3）分别显示资产剥离（Zcbl）对前推一期企业价值（F1.TB）的影响、资产剥离对前推一期企业多元化程度（F1.Ebi）的影响，以及资产剥离（Zcbl）、前推一期多元化程度（F1.Ebi）对前推一期企业价值（F1.TB）的联合影响。

表7-3　资产剥离与前推一期企业价值——多元化程度的中介效应检验

项目	（1）	（2）	（3）
	F1.TB	F1.Ebi	F1.TB
Zcbl	0.058*** （2.78）	0.081 （0.78）	0.101* （3.49）
F1.Ebi			−0.238 （−1.75）
Lev	−0.978*** （−6.17）	−0.057 （−0.78）	−0.713* （−2.08）
Roe	0.001*** （4.73）	0.086 （1.48）	−0.087*** （−3.61）
Growth	0.147*** （3.53）	−0.008 （−1.38）	−0.002 （−0.08）
Fcf	−0.129 （−0.31）	−0.192 （−0.52）	−2.769*** （−3.48）
Size	−0.911*** （−33.47）	0.053*** （3.62）	−1.053*** （−17.09）

续表

项目	(1)	(2)	(3)
	F1.TB	F1.Ebi	F1.TB
Age	0.095**	0.077*	0.176
	(1.74)	(2.35)	(1.28)
SOE	-0.273***	0.052	-0.349*
	(-4.20)	(1.58)	(-2.37)
Dual	0.116*	0.078*	-0.062
	(1.67)	(1.94)	(-0.42)
Board	0.025*	-0.009	0.031
	(1.89)	(-1.15)	(0.98)
First	0.007***	-0.001	0.008
	(3.63)	(-1.32)	(1.78)
Year	控制		
Industry	控制		
Cons	19.561***	-1.114***	23.523***
	(35.42)	(-3.33)	(17.51)
N	3 688	1 917	1 917
R^2	0.512	0.186	0.494
R^2_a	0.478	0.117	0.451
F	35.72	2.73	11.47

注：括号内为t值，* p<0.1，** p<0.05，*** p<0.01。

资料来源：作者运用STATA14.0计算所得。

从表7-3可以看出，回归（1）中，资产剥离与企业价值的回归系数α_1（0.058）为正，且在1%的水平上显著。回归（2）中，资产剥离与多元化程度的回归系数β_1（0.081）为正，未通过显著性检验，表明资产剥离的实施并未对企业多元化程度产生实质性影响，故在资产剥离对前推一期企业价值的正向影响中，多元化程度并未发挥中介作用。

资产剥离与前推二期企业价值——多元化程度的中介效应检验见表7-4，回归结果（1）—（3）分别显示资产剥离（Zcbl）对前推二期企业价值（F2.TB）的影响、资产剥离对前推二期企业多元化程度（F2.Ebi）的影响，以及资产剥离（Zcbl）、前推二期多元化程度（F2.Ebi）对前推二期企业价值（F2.TB）的联合影响。

表7-4　**资产剥离与前推二期企业价值——多元化程度的中介效应检验**

项目	(1)	(2)	(3)
	F2.TB	F2.Ebi	F2.TB
Zcbl	0.046** (2.63)	0.004 (0.29)	0.078 (1.37)
F2.Ebi			-0.314 (-1.79)
Lev	-0.833*** (-4.15)	-0.079 (-1.79)	-0.101 (-0.42)
Roe	0.014*** (5.34)	-0.074 (-1.78)	0.747*** (3.82)
Growth	0.113** (2.24)	-0.008 (-1.81)	0.013 (0.58)
Fcf	0.584 (1.38)	-0.270 (-1.47)	-2.007* (-1.68)
Size	-0.918*** (-30.34)	0.066*** (4.72)	-1.165*** (-16.82)
Age	0.129* (1.82)	0.088* (1.79)	0.317 (1.53)
SOE	-0.263*** (-3.69)	0.043 (1.13)	-0.311 (-1.68)
Dual	0.158** (2.03)	0.065 (1.52)	0.288 (1.48)

续表

项目	(1)	(2)	(3)
	F2.TB	F2.Ebi	F2.TB
Board	0.018 (1.04)	-0.014 (-1.58)	0.006 (0.17)
First	0.006*** (3.14)	-0.001 (-1.07)	0.007 (1.41)
Year	控制		
Industry	控制		
Cons	21.527*** (31.68)	-1.249*** (-3.59)	26.152*** (15.57)
N	3 089	1 732	1 732
R^2	0.515	0.169	0.558
R^2_a	0.498	0.121	0.532
F	30.01	3.463	21.105

注：括号内为t值，* p<0.1，** p<0.05，*** p<0.01。

资料来源：作者运用STATA14.0计算获得。

从表7-4可以看出，回归（1）中，资产剥离与企业价值的回归系数α_1（0.046）为正，且在5%的水平上显著。回归（2）中，资产剥离与多元化程度的回归系数β_1（0.004）为正，未通过显著性检验，表明资产剥离的实施并未对企业多元化程度产生实质性影响。因此，在资产剥离对前推二期企业价值的影响中，多元化程度并未发挥中介作用。

以上结果虽表明资产剥离对当期、前推一期以及前推二期的企业多元化程度均未能产生显著影响，多元化水平不是资产剥离作用于企业价值的长效机制，但资产剥离与企业多元化水平回归系数为正且不显著的实证结果也可能说明，企业在对低盈利性、低成长性的资产进行剥离，退出该业务领域的同时，并未把资源向核心业务收拢，而是投向了新的市场领域。因此，企业多元化程度并未降低，没有发生明显的变化。为验证这一推断，需要进一步验证资产剥离对企业主营业务的影响。

（2）主营业务的中介效应检验。

资产剥离与当期企业价值——主营业务的中介效应检验见表7-5，回归结果（1）—（3）分别显示了资产剥离（Zcbl）对企业价值（TB）的影响、资产剥离对主营业务（Core）的影响，以及资产剥离（Zcbl）、主营业务（Core）对企业价值（TB）的联合影响。

表7-5　**资产剥离与当期企业价值——主营业务的中介效应检验**

项目	(1)	(2)	(3)
	TB	Core	TB
Zcbl	0.058*** (3.21)	-0.002 (-0.41)	0.076*** (2.69)
Core			0.219* (1.89)
Lev	-1.321*** (-9.23)	0.008 (0.16)	-0.851*** (-3.79)
Roe	0.011*** (4.68)	-0.001* (-1.83)	0.0118*** (3.44)
Growth	0.226*** (5.11)	-0.093*** (-7.27)	0.207*** (3.28)
Fcf	-1.169 (-0.47)	0.042 (0.34)	-0.455 (-0.77)
Size	-0.877*** (-34.58)	-0.009 (-1.09)	-1.044*** (-25.77)
Age	0.018** (2.28)	0.029* (1.95)	0.096 (1.34)
SOE	-0.248*** (-4.13)	-0.006 (-0.28)	-0.323*** (3.53)
Dual	0.079 (1.25)	0.009 (0.42)	1.110 (1.13)

续表

项目	(1)	(2)	(3)
	TB	Core	TB
Board	0.021 (1.56)	-0.007 (-1.56)	0.014 (0.59)
First	0.007*** (3.71)	-0.001 (-1.15)	0.006* (1.92)
Year	控制		
Industry	控制		
Cons	19.561*** (35.42)	0.915*** (3.14)	22.246*** (15.81)
N	4 593	2 207	2 207
R^2	0.512	0.168	0.557
R^2_a	0.505	0.131	0.535
F	43.69	4.39	26.707

注：括号内为t值，* p<0.1，** p<0.05，*** p<0.01。

资料来源：作者运用STATA14.0计算获得。

从表7-5可以看出，回归（1）中，资产剥离与企业价值的回归系数α_1（0.058）显著为正，表明资产剥离对企业价值的提升有着明显的促进作用。回归（2）中，资产剥离与主营业务的回归系数β_1（-0.002）为负，未通过显著性检验。

①资产剥离对当期企业价值影响的中介效应检验。

根据温忠麟和叶宝娟（2014）[40]关于中介效应的检验方法，系数β_1显著是中介效应存在的前提。因此，在资产剥离对企业价值的正向影响中，主营业务并未发挥中介作用。

②资产剥离对前推期企业价值影响的中介效应检验。

资产剥离与前推一期企业价值—主营业务的中介效应检验见表7-6，回归结果（1）—（3）分别显示资产剥离（Zcbl）对前推一期企业价值（F1.TB）的影响、资产剥离对前推一期主营业务（F1.Core）的影响，以及资产剥离（Zcbl）、前推一期主营业务（F1.Core）对前推一期企业价值（F1.TB）的联合影响。

表7-6　资产剥离与前推一期企业价值——主营业务的中介效应检验

项目	(1)	(2)	(3)
	F1.TB	F1.Core	F1.TB
Zcbl	0.058*** (2.78)	0.0005 (0.07)	0.101*** (3.51)
F1.Core			0.164 (1.42)
Lev	-0.978*** (-6.17)	-1.108* (-2.23)	-0.761*** (-3.44)
Roe	0.001*** (4.73)	-0.003*** (-3.41)	0.006* (1.77)
Growth	0.147*** (3.53)	-0.113 (-7.04)	0.163** (2.20)
Fcf	-0.119 (-0.31)	0.194 (1.53)	-0.540 (-0.93)
Size	-0.911*** (-33.47)	-0.012 (-1.25)	-0.991*** (-24.29)
Age	0.095** (1.74)	0.018 (0.96)	0.069 (0.82)
SOE	-0.273*** (-4.20)	0.005 (0.25)	-0.307*** (-3.28)
Dual	0.115* (1.67)	-0.019 (-0.87)	0.121 (1.18)
Board	0.025* (1.89)	-0.002 (-0.42)	-0.018 (-0.83)

续表

项目	(1)	(2)	(3)
	F1.TB	F1.Core	F1.TB
First	0.007*** (3.63)	-0.000 (-0.33)	0.006* (1.89)
Year	控制		
Industry	控制		
Cons	19.561*** (35.37)	1.045*** (2.72)	24.698*** (14.08)
N	3 688	2 207	2 207
R^2	0.512	0.175	0.560
R^2_a	0.478	0.131	0.528
F	35.72	3.913	22.321

注：括号内为t值，* p<0.1，** p<0.05，*** p<0.01。

资料来源：作者运用STATA14.0计算获得。

从表7-6可以看出，回归（1）中，资产剥离与企业价值的回归系数α_1（0.058）为正，且在1%的水平上显著。回归（2）中，资产剥离与主营业务的回归系数β_1（0.0005）为正，未通过显著性检验，表明资产剥离的实施并未对企业主营业务产生实质性影响，因此在资产剥离对前推一期企业价值的正向影响中，主营业务并未发挥中介作用。

资产剥离与前推二期企业价值——主营业务的中介效应检验见表7-7，回归结果（1）—（3）分别显示资产剥离（Zcbl）对前推二期企业价值（F2.TB）的影响、资产剥离（Zcbl）对前推二期主营业务（F2.Core）的影响，以及资产剥离（Zcbl）、前推二期主营业务（F2.Core）对前推二期企业价值（F2.TB）的联合影响。

表7-7 资产剥离与前推二期企业价值——主营业务的中介效应检验

项目	(1)	(2)	(3)
	F2.TB	F2.Core	F2.TB
Zcbl	0.046** (2.63)	0.0118* (1.77)	0.059* (1.88)
F2.Core			0.058 (0.47)
Lev	-0.833*** (-4.15)	0.0142 (0.27)	-0.601** (-2.54)
Roe	0.014*** (5.34)	-0.0001 (-1.46)	0.019*** (5.23)
Growth	0.113** (2.24)	-0.146** (-8.01)	0.057 (0.77)
Fcf	0.584 (1.38)	0.019 (0.14)	0.521 (0.88)
Size	-0.918*** (-30.34)	-0.011 (-1.15)	-1.022*** (-23.82)
Age	0.1289* (1.82)	0.015 (0.68)	0.229** (2.28)
SOE	-0.2631*** (-3.69)	-0.003 (-0.14)	-0.358*** (-3.72)
Dual	0.1583** (2.03)	-0.002 (-0.09)	0.160 (1.45)
Board	0.0176 (1.04)	-0.005 (-1.05)	0.015 (0.59)
First	0.0064*** (3.14)	0.001 (0.97)	0.006** (2.31)
Year	控制		

续表

项目	(1)	(2)	(3)
	F2.TB	F2.Core	F2.TB
Industry	控制		
Cons	21.5274*** (31.68)	20.090*** (3.89)	23.322*** (24.13)
N	3 688	1 732	1 732
R^2	0.5147	0.170	0.558
R^2 _a	0.4978	0.121	0.531
F	30.01	3.470	21.105

注：括号内为t值，* p<0.1，** p<0.05，*** p<0.01。

资料来源：作者运用STATA14.0计算获得。

从表7-7可以看出，回归（1）中，资产剥离与企业价值的回归系数α_1（0.046）为正，且在5%的水平上显著。回归（2）中，资产剥离与主营业务的回归系数β_1（0.0118）为正，且在10%的水平上显著，表明资产剥离的实施强化了企业的主营业务。回归（3）中，主营业务的回归系数γ_2（0.058）为正，并未通过显著性检验，表明资产剥离未通过增强企业核心业务对企业价值产生正向影响，故在资产剥离对前推二期企业价值的影响中，主营业务并未发挥中介作用。

实证结果显示，无论是在资产剥离对企业价值的短期影响还是长期影响中，无论是采用多元化程度还是主营业务作为归核化的测度标准，归核化均未发挥中介作用，表明我国上市公司资产剥离行为主要体现了企业非归核化战略转型，假设7-2得到了验证。如果剥离的主要目的是轻装上阵、集聚资源、开拓新的市场，那么剥离的实施可能会对企业的主营业务产生挤出效应。

7.3.3 稳健性检验

本书中作者采用学者们广为使用的Sobel法对归核化的中介效应的稳健性进行检验。归核化用多元化程度（Ebi）和主营业务（Core）测度。Sobel检验依Z值来判定中介效应是否存在。

$$Z = \frac{x \times y}{\sqrt{x^2 \times S_y^2 + y^2 \times S_x^2}} \qquad (式7-4)$$

其中，x和y分别是自变量X和中介变量M的系数，S_x和S_y分别为x和y的标准误。若Z值显著（显著性水平0.05对应的临界值为0.97），则表明变量M中介效应存在，否则不存在中介效应。

中介效应的Sobel检验见表7-8。从表7-8中可知，无论是在资产剥离对企业价值的短期影响还是长期影响中，Sobel检验下的多元化程度和主营业务的Z值均小于5%显著性水平的临界值0.97，表明不存在以归核化为中介变量的中介效应。

表7-8 **中介效应的Sobel检验**

路径	Sobel检验
	Z值
Zcbl—Ebi—TB	-1.303
Zcbl—F1.Ebi—F1.TB	-0.745
Zcbl—F2.Ebi—F2.TB	-0.438
Zcbl—Core—TB	0.193
Zcbl—F1.Core—F1.TB	-0.027
Zcbl—F2.Core—F2.TB	-0.738

资料来源：作者运用STATA14.0计算获得。

7.4 本章小结

本章选择2010—2019年我国沪深A股上市公司为研究样本，将归核化作为中介变量，通过构建中介效应模型，实证检验了资产剥离推动价值创造的内在机制，揭示了资产剥离通过何种转型方式对企业价值产生影响。研究发现，从转型方式来看，企业通过剥离实现非归核化战略转型与价值提升。

以上研究结论有利于从战略维度进一步明确企业战略转型方式，揭示资产剥离发挥效应的关键动力源。结果表明，无论是采用多元化程度还是主营业务作为企业归核化战略转型的测度标准，无论是考察资产剥离对企业价值的短期影响还是长期影响，归核化均未发挥中介效应。鉴于战略转型可能是归核化转型，也可能是非归核化转型，如企业跨出原有核心技术范围或经验范围进入新的领域，以实现在不同行业或不同领域的转变。如果资产剥离是为了轻装上阵、集聚资源、开拓新的市场，那么资产剥离的实施可能会对企业核心业务产生挤出效应。

第8章　研究结论与展望

本章将对先前主要研究工作进行了进一步归纳与总结，并在当前中国经济体制改革、产业转型升级的背景下，提出企业如何利用重组手段提升企业价值，强化核心竞争力，优化企业边界，应对日益加剧的市场竞争的政策和建议，也为各级政府制定未来工作规划，推动企业采取有效重组方式，实现经济社会发展目标提供合理依据。

8.1　研究结论

8.1.1　研究工作

本书以2010—2019年我国沪深A股上市企业为研究对象，在我国经济体制改革以及“三去一降一补”的背景下，依照“资产剥离—内在机制—经济后果”的逻辑思路，展开理论分析与实证检验。本书主要研究工作如下：

（1）系统地梳理了资产剥离的内涵、资产剥离的动因与影响因素、资产剥离的经济后果，并由此分析出资产剥离与企业价值研究的可行性与创新性。

（2）深入分析了资产剥离的作用以及理论依据、国内外对资产剥离内涵与外延的理解、企业重组行为动因的演变过程以及国内资产剥离的现状，为本书研究资产剥离的动因、经济后果以及作用机制提供了理论依据、实证支撑与政策建议。

（3）从国泰安（CSMAR）数据库和万德（WIND）数据库获取2010—2019年我国沪深A股上市公司重组数据以及财务数据等，作者手工整理了2010—2019年各年企业资产剥离金额，实证检验了资产剥离对企业价值的动态影响，以及产权性质和行业特征在资产剥离对企业价值影响中的调节作用。同时，为确保研究结论的可靠性，运用改变关键变量测度、双重差分匹配模型（DID-PSM）、2SLS回归、固定效应面板回归等方法对实证模型进行稳健性检验。

（4）以资产剥离对企业价值的动态影响为基础，从财务维度探究资产剥离推动价值创造的基于融资层面和投资层面的内在机制。建立中介效应方程，实证检验了融资约束和投资效率在资产剥离对企业价值动态影响中的多期中介效应。

以资产剥离对企业价值的动态影响为基础，从战略维度探究资产剥离推动价值创造的基于剥离动因的内在机制。通过检验战略性资源投入，包括人力资本投入和研发投入的多期中介作用，揭示了企业资产剥离动因。

以资产剥离对企业价值的动态影响为基础，从战略维度探究资产剥离推动价值创造的基于转型方式的内在机制。通过检验归核化（包括企业多元化程度和主营业务盈利能力）的多期中介作用，揭示了企业战略转型方式。

8.1.2 相关结论

丰富企业重组以及资产剥离相关研究成果，促进社会公众正确理解资产剥离的内涵和企业剥离动因，使企业明确资产剥离对企业价值的影响及其作用机制，以充分发挥资产剥离在优化资源配置、保持可持续竞争优势、促进转型升级方面所具有的重要战略作用。本书以我国沪深A股实施资产剥离的上市企业作为对象，以资产剥离动因、资产剥离对企业价值的动态影响以及作用机制作为内容进行研究。具体来讲，本书主要围绕企业资产剥离的动因是什么、资产剥离将会对企业短期及长期价值产生何种影响、资产剥离推动价值创造的内在机制是什么、资产剥离与企业价值二者关系受哪些因素影响等核心问题展开研究，形成了以下研究结论：

（1）在中国企业转型发展的重要转折期，在经济体制改革的深入推进阶段，伴随着资本市场发展的日趋成熟、公司治理的逐步完善，在企业资产剥离行为越来越频繁的同时，资产剥离战略作用的重要性也不断凸显。从资产剥离对企业价值的整体影响效应来看，资产剥离的实施能够显著提高我国上市公司价值，并且该效应具有一定的持续性。具体表现为，资产剥离实施的当年、剥离后第一年以及第二年，企业价值均有显著提升。剥离后第三年以及第四年，资产剥离对企业价值的促进作用并不明显。从企业类型来看，相较于国有上市企业，资产剥离对非国有上市企业的价值提升效应更为明显；相较于劳动密集型企业，资产剥离对资本密集型和技术密集型企业的价值提升效应更为明显。

（2）在财务维度下，将融资约束作为中介变量构建方程，对“资产剥离—融资约束—企业价值”的路径进行检验，为探寻资产剥离推动价值创造的内在机制提供基于融资视角的解释。研究结果发现，融资约束是资产剥离影响企业价值的长效机制。融资约束在资产剥离对企业价值的正向影响中发挥了中介作用，并且该中介作用在资产剥离对企业价值的长期影响中依然存在。以上研究结论有利于从财务层面了解资产剥离发挥作用的关键动力源。资产剥离的实施更多地体现了“信号传递效应”和“掏空效应”。资产剥离向市场传递了企业经营失败的信号，剥离企业往往伴随着公司治理水平的恶化、代理问题的加剧。与此同时，剥离也可能代表了企业实际控制人的“掏空行为”。由此，外部投资者预期投资风险加大，投资意愿随之降低，公司股权和债务融资成本上升。虽然资产剥离加剧了企业所面临的融资约束，但是当企业的融资约束程度较高时，由于缺乏资金，企业会把剥离所释放的资源全部用于投资。管理层在受到融资约束的条件下，有动机通过加强内部挖潜，严格筛选投资项目，尽可能地提高资金配置效率，实现投资收益的最大化。与此同时，融资约束也大大降低了管理者挥霍企业资金的风险，代理问题得到了缓解。此时，在融资约束下的资源配置正效应大于资源约束的负效应，从而对企业价值的提升产生促进作用。

（3）在财务维度下，将投资效率作为中介变量构建方程，对“资产剥离—投资效率—企业价值”的路径进行检验，为探寻资产剥离推动价值创造的内在机制提供基于投资视角的解释。研究发现，投资效率是资产剥离影响企业价值的长效机制。投资效率在资产剥离对企业价值的正向影响中发挥了中介作用，并且该中介作用在资产剥离对前推一期企业价值的影响中依然存在。进一步分析发现，资产剥离主要通过抑制过度投资进而对企业价值产生影响。以上研究结论有利于人们从财务层面了解资产剥离发挥作用的关键动力源。结果显示，资产剥离发挥了改善公司治理、提高投资效率的作用，并且这种价值提升作用具有一定的可持续性。在公司战略决策中，企业会通过实施资产剥离实现对管理层权力的约束，对管理层追逐私利的失控行为进行纠正。企业投资行为扭曲、投资效率低下等问题会通过实施资产剥离得到缓解或解决，为股东释放价值。

（4）在战略维度下，以战略转型作为中介变量构建方程，对“资产剥离—战略转型—企业价值”的路径进行检验，为探寻资产剥离推动价值创造的内在机制提供基于剥离动因视角的解释。以战略性资源投入（包括研发投入和人力资本投入）作为战略转型测度的中介效应检验的结果表明，从剥离动因来看，资产剥离是一种战略转型行为，战略性资源投入是资产剥离影响企业价值的长效机制。在战略转型的过程中，资产剥离主要通过强化人力资本投入对企业价值产生正向影响，研发投入并未在资产剥离对企业价值的正向影响中发挥中介作用。这可能是因为：由于资产剥离的实施使得企业融资约束加剧，在此情形下，企业面临研发投入资金短缺和研发投入方向选择的问题。因高风险、长周期等特点，研发投入转化为生产力进而对企业价值产生影响的过程具有较长的滞后性和较高的不确定性。与研发投入相比，人力资本投入可以快速转化为生产力，对企业价值产生直接影响。因此，在企业转型升级的过程中可能存在投入偏好，使得人力资本投入对研发投入产生挤出效应。

（5）在战略维度下，以归核化作为中介变量构建方程，对“资产剥离—归核化—企业价值”的路径进行检验，为探寻资产剥离推动价值创造的内在机制提供基于转型方式视角的解释。企业战略转型既可能是归核化转型，也可能是非归核化转型，如企业跨出原有核心技术范围或经验范围进入新的领域，通过剥离实现在不同行业或不同领域的转变。以归核化（包括企业多元化程度和主营业务盈利能力）作为转型方式的测度标准，相关中介效应检验结果表明，从战略转型的角度来看，资产剥离主要体现了企业非归核化战略转型。这具体表现在，无论是采用多元化程度还是主营业务作为归核化转型的测度标准，无论是考察资产剥离对企业价值的短期影响还是长期影响，归核化均未发挥中介作用。如果资产剥离是为了轻装上阵、集聚资源、开拓新的市场，那么资产剥离的实施可能会对企业的核心业务产生挤出效应。

8.2 政策建议

本书中作者研究发现，在中国企业转型发展的重要转折期，资产剥离的实施能够显著提升我国上市企业的价值。资产剥离是一项重要的财务活动，更是意义重大的战略选择。从剥离动因来看，资产剥离是一种战略转型行为。从影响机制来看，资产剥离主要通过改善投资效率、促进战略性资源投入对企业价值产生影响。从战略转型方式来看，资产剥离主要体现了上市企业非归核化战略转型。基于该研究结论，作者提出以下政策建议：

8.2.1 鼓励企业大胆剥离，助力“三去一降一补”

中国证券监督管理委员会发布了《上市公司重大资产重组管理办法》和《上市公司收购管理办法》，加快推进了企业并购重组的市场化进程，鼓励企业通过兼并、收购、剥离等重组方式进行战略调整。中央财经领导小组（2018年改为中国共产党中央财经委员会）在2015年召开的第十一次会议上首次提出“供给侧结构性改革”，随后召开的中央经济工作会议将旨在调整经济结构，使要素实现最优配置，提升经济质量和数量双增长的“去产能、去库存、去杠杆、降成本、补短板”（简称“三去一降一补”）作为改革的重要手段予以明确。国家强调以提高供给质量作为出发点，逐步矫正要素配置扭曲的现状，不断提高供给结构对需求变化的适应性和灵活性；优化投融资结构，促进资源整合，实现资源的优化配置与再生。在“三去一降一补”重要任务中，“去产能”位列首位，国家鼓励企业通过“兼并重组”化解过剩产能，提高供给体系效率。由此看来，剥离拉开了改革的序幕，通过实施战略剥离退出落后领域，布局新动能、新产业，是当前中国产业转型升级、优化产业结构所面临的现实问题。

党的十九大报告（《决胜全面建成小康社会夺取新时代中国特色社会主义伟大胜利》）中明确指出，我国经济已由高速增长阶段转向高质量发展阶段，正处在转变发展方式、优化经济结构、转换增长动力的攻关期。报告强调要继续推进供给侧结构性改革，加快建设成为创新型国家。李克强总理在2019年国务院政府工作报告中肯定了供给侧结构性改革所取得的阶段性成果，指出在继续深化改革的努力下，中国实体经济活力不断释放。随着改革力度的不断加大，剥离将越来越多地用于企业重组。作为大刀阔斧改革的利器，充分发挥剥离在提高供给结构适应性与灵活性、资源优化配置、实现高质量发展、提升企业价值方面的重要作用。

8.2.2 建立落后产能的市场化退出机制

想要实现化解过剩产能的目标，必须有一整套相对完善的市场化退出机制。一是改善企业内外部环境。在内部，企业通过科学合理的分析判断，将不适应市场的产能或生产线果断淘汰，充分调动和激发创新能力，把产能结构调整到有利于企业长久发展的方向上来；在外部，政府通过不断完善更加公平的竞争氛围，打造更加良好的营商环境，激发企业提升市场竞争力的意愿，并以此推动企业加大在产品质量提升、服务质量提高方面的投入。二是清理“僵尸企业”。在发挥市场作用方面，企业间通过兼并重组、债务重组、破产清算等方式，以合法处置为前提，在符合市场和经济运行规律的基础上，推动并逐步加速“僵尸企业”出清；在发挥政府作用方面，相关政府部门要在解决好诸如资产处置、职工安置等有可能影响经济社会稳定的问题的基础上，尽可能完善配套政策，看准时机、掌控节奏、把握力度，完成“僵尸企业”的清理工作。

8.2.3 完善资本市场定价信息披露功能

政府相关部门应充分履行自身职能，以完善的法律体系打造良好的制度环境，充分保障市场发展与创新，持续健全资本市场的融资功能，培育多层次资本市场，从而促进资本市场快速发展。新的企业进入资本市场，通常是由行业或产业结构以及产能结构调整而引发的。在丰富股票多板块融资功能的基础上，应充分考虑不同类型企业在资本规模、成长潜力、融资需求等方面的不同特征，进而通过设立更多板块或建立股权交易中心等方式，不断丰富和完善资本市场的多维度融资功能，为通过资产剥离实现转型升级的企业，特别是中小型企业提供资金支持。

8.2.4 优化公司治理，促进企业归核化转型升级

作者研究表明，资产剥离的实施未能促进我国上市企业核心业务的提升，资产剥离行为主要体现了企业的跨界转型升级，从而对企业核心业务具有挤出效应。归核化是多元化企业修正战略偏差、实现变革的战略途径。从20世纪90年代以来，更多中国企业选择了多元化战略。然而，中国企业联合会在经过十年左右的研究后得出一个结论——“中国的失败企业绝大多数败于多元化”。Owen et al.（2010）[125] 的研究表明，对公司治理水平较高的企业而言，资产剥离往往能够创造更多的价值。公司治理内生于公司战略，公司归核化战略的实施需要公司治理发挥其战略促进作用。因此，企业应将公司治理上升到战略层面，从战略保障视角优化公司治理。另外，企业应建立归核化战略实施的有效保障机制，对董事及高层管理人员实施必要的股权激励，增强管理层的大局意识与战略思维，鼓励企业通过归核，强化核心竞争力。

8.2.5 改善创新环境，推动企业创新

作者通过实证研究发现，资产剥离并没有对企业创新投入起到促进作用。既然政府希望企业依据市场供给进行创新，那么一定要创造利于企业创新的环境，激励企业参与创新最直接的方式便是将企业参与创新的投入纳入财政补贴范畴。因为对企业来说，增加收益是推动其主动参与创新的有效方式。但同时，政府依旧不能忽视市场在资源配置过程中的决定性作用，任何一项产业政策的制定都要适应市场需求，同时在落实过程中，要能够通过识别企业的不同类型，实现与主动转型企业的有机结合。鼓励企业进行产品研发和设计创新，利用创新驱动提高产品附加值，增强国际竞争力。通过对协同创新体系的不断完善，逐步构建起更高效、更符合技术创新的生态系统。一方面，激发内生动力，确保企业可以积极且有效地开展技术创新，既需要通过建立、健全知识产权制度和反垄断制度来保护企业的创新利益，又需要通过建立可靠的融资制度来拓宽企业融资途径并提高融资效率。另一方面，加大外部支撑，推进政府“放、管、服、效”改革，强化部门间的联动机制，简化行政审批流程，真正为企业创新减负；加大财政和税收在技术革新中的支持力度，通过以奖代补、税收优惠等方式为企业创新减负；设立专项基金助力长久发展，对有发展前景的创新项目给予资金支持，在降低企业创新成本的同时激励更多企业参与创新。

8.2.6 重视人力资本投入，协同企业创新

随着人力资本对企业发展重要性的不断显现，创新型企业更应重视人力资本在企业价值提升方面的作用。结合企业自身实际情况，在加大本地人才培养力度的同时合理增加外埠人才引进。在此，企业应当将人力资本的投入与自身资源进行合理配置，既要避免因投入不足而引发的“质难升”，又要避免因投入过量而引发的“量无度”。同时，对现有人力资源还应做到人尽其用、因材施用，将人才优势与企业优势完美结合，提升人力资本的使用效率。另外，企业也应注意控制研发投入和人力资本投入的比例，既不顾此失彼又协同创新，以发挥资金、人才、设

施的最大效用。

8.3 未来研究展望

资产剥离作为企业战略研究的重要领域，其发展历程颇具争议。从最初对剥离内涵的误解、剥离后果的负面看法到目前对资产剥离作为企业战略的有机组成所发挥的重要作用的肯定，其重要性越来越得到学术界的正视与关注，产生了大量关于剥离动因、剥离决定因素以及剥离经济后果的研究成果，形成了较为系统的理论体系与逻辑框架。通过对现有文献的梳理可以发现，新兴市场中的重组研究仍然很少；与关于剥离前因后果的研究相比，对剥离过程的研究仍有较大的研究空间。现有的剥离研究中仍存在许多不足以及未解决的争论和矛盾。总体而言，本书认为未来研究应该从以下方面展开：

8.3.1 国有企业混合所有制改革背景下资产剥离研究

“股权结构是产权在微观企业之体现，亦是企业的灵魂和基础”（杨兴全和尹兴强，2018）[56]。不同的股权性质对企业财务行为和经营绩效的作用是不同的。伴随着国有企业混合所有制改革的加深、股权结构的多元化，政府对企业的预算约束力度的放松会直接影响到企业政策性负担以及公司治理效率。此外，异质性股东相互制衡的股权结构，加之有效的高管薪酬管制的形成，理论上应对国有企业所有者缺位问题、国有企业存在的代理问题起到有效的缓解作用。在此背景下，国有企业正逐步形成适应市场发展的公司治理结构。因此，有必要关注国有企业混合所有制改革进程中股权结构的动态变化，以及这种变化所引发的公司治理结构改善和资源配置优化等效应如何作用于资产剥离决策以及剥离会产生何种经济后果。

8.3.2 资产剥离过程研究

从对“企业剥离的动因”到对“剥离的经济后果”的研究，并没有说明企业实际上是如何剥离的。因此，剥离过程仍基本上是一个黑箱，人们对利益相关者及其在剥离过程中的具体行动知之甚少。

（1）资产剥离主体。资产剥离主体同样没有得到充分的研究。“委托代理理论”假设管理层面临比剥离激励更强的抑制因素（如管理风险逆境、自身利益）。剥离研究很大程度上未能解释为什么面临非常相似的条件，如同样是业绩不佳的公司在是否剥离以及何时剥离方面却做出了差别很大的决策。再如，对以往战略错误纠正的剥离以及导致企业多元化水平大幅下降的剥离往往伴随着管理层自我利益的重大妥协。因此，未来的研究可以从特定交易以及管理层层面确定影响代理冲突严重性的因素特征；可以从剥离后企业绩效的长期表现确定这些特征如何影响资产剥离的决策和实施，以及随后的资产剥离绩效，从而可以更好地揭示推动价值创造的具体机制之间的相互关系。

（2）从内部治理到外部治理。剥离过程的研究主要集中在公司内部治理（包括董事会、公司和部门经理），以及员工参与剥离决策过程及其对剥离经济后果的影响。值得注意的是，管理层对商业环境变化的反应并不独立于公司治理特征，只有基于内部和外部的治理机制相辅相成，共同发挥作用，才能为股东带来最大的利益。然而，目前仅有少量研究分析了外部治理机制是如何影响公司资产剥离的，如研究外部激进投资者主导下的对剥离绩效的优化（Chen & Feldman，2018）[134]。对剥离过程的研究表明，市场情绪和市场对公司控制权有效性的提高会显著影响剥离活动和结果，将外部治理（债务、收购市场和产品市场）与资产决策研究相结合，探讨不同治理机制对剥离的影响也是十分具有价值的议题。

8.3.3 企业动态能力发展与资产剥离研究

企业如何在剥离中管理资源和能力，如何实现资源优化配置？资产剥离通常被认为是代表着企业向核心竞争力的回归，但是与剥离有利于企业现存核心能力这一普遍观点相反，也有学者认为剥离会扰乱组织惯例，从而对核心能力产生负面影响。在因果关系模糊的情况下，剥离战略似乎对追求竞争优势的企业而言具有特殊风险。目前，从核心竞争力的角度来看，这些剥离的潜在困境仍未得到解决。随着企业生存能力的不断变化，重组将成为价值创造的独特来源。如果竞争优势通过特定条件下集合最佳资源而产生，并且伴随着特定条件的改变而消失，那么企业应该关注如何以最为有效的方式实现对资源的快速集聚、重新配置以及对剥离过程的把控。然而，即便伴随着企业对上述过程的重视程度与投入力度的加大，这些活动能否成功仍然难以预测。这为进一步研究企业动态能力发展与剥离、资源变化的动态过程和后续性能提供了相当大的空间。企业重组作为价值创造和战略更新驱动力的地位已得到确认，未来可进一步在企业如何发展动态能力以高效地完成战略重组方面展开研究。特别是在企业内部如何战略性地重新部署人力资本方面，还需要做更多的研究工作。

目前，关于剥离所产生的静态价值效应的研究相对颇丰，但人们对剥离后企业对资源的动态把控过程知之甚少，而这些机制在资产剥离与后续绩效之间发挥重要作用。后续研究应继续梳理剥离与后续绩效之间的因果关系，以及剥离与其他资源要素的关系，包括释放的资源类型与性质，包括它们与公司中其他资源的关系，也包括资源在公司中再投资的过程。

主要参考文献

[1] 唐清泉，李萍．资产剥离与业务重组的有效性研究［J］．当代经济管理，2016，38（7）：14-24．

[2] 陈信元，叶鹏飞，陈东华．机会主义资产重组与刚性管制［J］．经济研究，2003（5）：13-22．

[3] 刘星，安灵．基于盈余管理视角的中国上市公司资产出售实证研究［J］．当代财经，2007（1）：113-119．

[4] 吴剑峰．转型经济中的战略剥离分析：以中国上市企业为例［J］．南开管理评论，2009，12（2）：4-10．

[5] 李萍，苏亮瑜，徐欣．资产剥离能否激发中国企业研发投资——基于融资约束视角的研究［J］．中山大学学报（社会科学版），2019，59（1）：188-198．

[6] 徐虹．产权配置、地方政府干预与上市公司资产剥离——基于同属管辖交易视角的研究［J］．会计与经济研究，2013，27（1）：23-36．

[7] 付彦，徐二明，彭诚．企业归核化战略的市场价值效应和启示——基于中国上市公司的实证分析［J］．经济与管理研究，2015，36（6）：121-128．

[8] 俞铁成．公司紧缩：资本运营新境界［M］．上海：上海远东出版社，2001：34-36．

[9] 罗良忠，朱荣林，范永进．我国上市公司资产剥离实证研究［J］．证券市场导报，2003（12）：66-71．

[10] 史习民，金晓勇．行业下行周期中战术性资产剥离绩效分析——以中国铝

业为例［J］．财务与会计，2015（7）：29-31.

［11］ 文巧甜，郭蓉．资源约束框架下业绩反馈与战略调整方向研究——基于中国上市公司的数据分析［J］．经济管理，2017，39（3）：90-108.

［12］ 李善民，李珩．中国上市公司资产重组绩效研究［J］．管理世界，2003（11）：126-134.

［13］ 陈玉罡，李善民．资产剥离如何不再毁损公司价值——基于价值驱动指标的实证研究［J］．管理评论，2010，2（1）：105-114.

［14］ 徐虹．市场化进程、产权配置与上市公司资产剥离业绩——基于同属管辖交易视角的研究［J］．南开管理评论，2012，15（3）：110-121.

［15］ 王辉，孔爱国．多元化与归核化决策的自选择特征及对公司价值的影响——基于中国上市公司的研究［J］．复旦学报（社会科学版），2013，55（1）：18-28，154-155.

［16］ 崔世娟，孙利，蓝海林．中国企业归核化战略绩效研究［J］．科学学与科学技术管理，2009（7）：164-172.

［17］ 孙春晓．公司治理，剥离决策与剥离绩效关系研究［D］．杭州：浙江大学，2011.

［18］ 王凤彬，杨阳．跨国企业对外直接投资行为的分化与整合——基于上市公司市场价值的实证研究［J］．管理世界，2013（3）：148-171.

［19］ 刘建秋，朱益祥．实际控制人境外居留权与企业价值——基于社会责任的遮掩效应检验［J］．华东经济管理，2019（10）：21.

［20］ 李百兴，王博，卿小权．企业社会责任履行，媒体监督与财务绩效研究——基于A股重污染行业的经验数据［J］．会计研究，2018（7）：64-71.

［21］ 陈志斌，吴敏，陈志红．家族管理影响中小家族企业价值的路径：基于行业竞争的代理理论和效率理论的研究［J］．中国工业经济，2017（5）：113-132.

［22］ 王康，李逸飞，李静，等．孵化器何以促进企业创新？——来自中关村海淀科技园的微观证据［J］．管理世界，2019，35（11）：102-118.

［23］ 曾庆生，陈信元．何种内部治理机制影响了公司权益代理成本——大股东与董事会治理效率的比较［J］．财经研究，2006（2）：106-117.

［24］ 鲁桐，党印．公司治理与技术创新：分行业比较［J］．经济研究，2014，49（6）：115-128.

［25］ 苏坤，张俊瑞，杨淑娥．终极控制权、法律环境与公司财务风险——来自我国民营上市公司的证据［J］．当代经济科学，2010，32（5）：80-87，127.

[26] 卢馨，郑阳飞，李建明．融资约束对企业R & D投资的影响研究——来自中国高新技术上市公司的经验证据［J］．会计研究，2013（05）：51-58，96.

[27] 何光辉，杨咸月．融资约束对企业生产率的影响——基于系统GMM方法的国企与民企差异检验［J］．数量经济技术经济研究，2012，29（5）：19-35.

[28] 陈海强，韩乾，吴锴．融资约束抑制技术效率提升吗？——基于制造业微观数据的实证研究［J］．金融研究，2015（10）：148-162.

[29] 邓可斌，林映丹．融资约束与我国企业生产效率：抑制还是提升？［J］．产经评论，2015，6（6）：126-135.

[30] 孙博，刘善仕，姜军辉，等．企业融资约束与创新绩效：人力资本社会网络的视角［J］．中国管理科学，2019，27（4）：179-189.

[31] 屈文洲，谢雅璐，叶玉妹．信息不对称、融资约束与投资—现金流敏感性——基于市场微观结构理论的实证研究［J］．经济研究，2011，46（6）：105-117.

[32] 马国臣，李鑫，孙静．中国制造业上市公司投资——现金流高敏感性实证研究［J］．中国工业经济，2008（10）：109-118.

[33] 姜付秀，石贝贝，马云飙．信息发布者的财务经历与企业融资约束［J］．经济研究，2016，51（6）：83-97.

[34] 罗珊梅，李明辉．社会责任信息披露，审计师选择与融资约束——来自A股市场的新证据［J］．山西财经大学学报，2015，37（2）：105-115.

[35] 綦好东，曹伟，赵璨．货币政策、地方政府质量与企业融资约束——基于货币政策传导机制影响的研究［J］．财贸经济，2015（4）：32-45.

[36] 连玉君，彭方平，苏治．融资约束与流动性管理行为［J］．金融研究，2010（10）：158-171.

[37] 解维敏，方红星．金融发展，融资约束与企业研发投入［J］．金融研究，2011（5）：171-183.

[38] 杨兴全，齐云飞，吴昊旻．行业成长性影响公司现金持有吗？［J］．管理世界，2016（1）：153-169.

[39] 邓可斌，曾海舰．中国企业的融资约束：特征现象与成因检验［J］．经济研究，2014，49（2）：47-60，140.

[40] 温忠麟，叶宝娟．中介效应分析：方法和模型发展［J］．心理科学进展，2014，22（5）：731-745.

[41] 谭庆美，陈欣，张娜，等．管理层权力、外部治理机制与过度投资［J］．管理科学，2015（7）：59-70.

[42] 黄海杰，吕长江．“四万亿投资”政策对企业投资效率的影响［J］．会计研

究，2016（2）：51-57.

[43] 王兵，吕梦，汪振坤．审计总监兼任监事、专业能力差异与企业投资效率[J]．会计研究，2018（9）：88-94.

[44] 李若辉，关惠元．设计创新驱动下制造型企业转型升级机理研究[J]．科技进步与对策，2019，36（3）：83-89.

[45] 芮明杰，胡金星，张良森．企业战略转型中组织学习的效用分析[J]．研究与发展管理，2005，17（2）：99-104.

[46] 席思国．企业归核化战略及其对我国企业的启示[J]．南开管理评论，2002（6）：35-38.

[47] 李小玉，薛有志，牛建波．企业战略转型研究述评与基本框架构建[J]．外国经济与管理，2015，37（12）：3-15.

[48] 任志成，刘梦，戴翔．要素成本上升、产业优势断档与我国新型比较优势培育[J]．国际贸易，2017（10）：17-21.

[49] 郭俊华，卫玲，边卫军．新时代新常态视角下中国产业结构转型与升级[J]．当代经济科学，2018，40（6）：81-90.

[50] 孔伟杰．制造业企业转型升级影响因素研究——基于浙江省制造业企业大样本问卷调查的实证研究[J]．管理世界，2012，9：120-131.

[51] 黄贤环，王瑶．实体企业资金“脱实向虚”与全要素生产率提升：“抑制”还是“促进”[J]．山西财经大学学报，2019，41（10）：55-69.

[52] 周煜皓．我国企业创新融资约束结构性特征的表现、成因及治理研究[J]．管理世界，2017（4）：184-185

[53] 舒尔茨．人力资本投资[M]．蒋斌，张蘅，译．北京：商务印书馆，1984：20-22.

[54] 卢馨．企业人力资本、R & D与自主创新——基于高新技术上市企业的经验证据[J]．暨南学报（哲学社会科学版），2013（1）：109-122，168.

[55] 吴家曦，李华燊．浙江省中小企业转型升级调查报告[J]．管理世界，2009（8）：1-5，9.

[56] 杨兴全，尹兴强．国企混改如何影响公司现金持有？[J]．管理世界，2018，34（11）：93-107.

[57] DRANIKOFF L，KOLLER T，SCHNEIDER A. Divestiture：Strategy's Missing Link [J]．Harvard Business Review，2002，80（5）：74-83.

[58] TALLEY K. Divestitures Play a Big Role for Little Firms，too [N]．Wall Street Journal—Eastern Edition，2003-03-31.

[59] BRAUER M. What Have We Acquired and What Should We Acquire in Divestiture Research? A Review and Research Agenda [J]．Journal of

Management, 2006, 32 (6): 751-785.

[60] YAN F H, WU X J. An Empirical Research on the Divestiture Value Effect of Listed Corporations [J]. Communication of Finance and Accounting, 2010 (9).

[61] DONALDSON G. Corporate Restructuring: Managing the Change Process Within [J]. The Journal of Finance, 1995, 20 (3): 750-754.

[62] BUCHHOLTZ A K, LUBATKIN M, MO' NEILLC H. Seller Responsiveness to the Need to Divest [J]. Journal of Management, 1999, 25 (5): 633-652.

[63] HAYWARD M L., SHIMIZU K. De-Commitment to Losing Strategic Action: Evidence from the Divestiture of Poorly Performing Acquisitions [J]. Strategic Management Journal, 2006, 27 (6): 541-557.

[64] KARIM S, CAPRON L. Reconfiguration: Adding, Redeploying, Recombining, and Divesting Resources and Business Units [J]. Strategic Management Journal, 2016, 37 (13): 54-62.

[65] BUCKLEY F H. The Divestiture Decision [J]. Journal of Corporation Law, 1991, 32: 805-859.

[66] DATTA D K, INCHES G E, NARAYANAN V K. Factors Influencing Wealth Creation from Mergers and Acquisitions: A Meta-analysis [J]. Strategic Management Journal, 1992, 13 (1): 67-84.

[67] LAAMANEN T, BRAUER M, JUNNA O. Performance of Acquirers of Divested Assets: Evidence from the U. S. Software Industry [J]. Strategic Management Journal, 2014, 35 (6): 914-925.

[68] DUHAIME I M, SCHWENK C. Conjectures on Cognitive Simplification in Acquisition and Divestment Decision Making [J]. The Academy of Management Review, 1985, 10 (2): 287-295.

[69] MONTGOMERY C A, THOMAS A R. Divestment: Motives and Gains [J]. Strategic Management Journal, 1988, 9 (1): 93-97.

[70] MYERS S C, MAJLUF N S. Corporate Financing and Investment Decisions When Firms Have Information that Investors Do not Have [J]. Social Science Electronic Publishing, 1984, 13 (2): 187-221.

[71] FAZZARI S M, HUBBARD R G, PETERSEN B C. Financing Constraints and Corporate Investment [J]. Brookings Papers on Economic Activity, 1988, 1: 141-206.

[72] PRAHALAD C K, HAMEL G. The Core Competency of the Corporation

[J]. Harvard Business Review, 1990, 64 (3): 70-92.

[73] BARNEY J B. Looking Inside for Competitive Advantage [J]. Academy of Management Perspectives, 1995, 9 (4): 49-61.

[74] MARKIDES C C. Diversification, Restructuring and Economic Performance [J]. Strategic Management Journal, 1995, 16 (2): 101-118.

[75] COMMENT R, JARRELL G A. Corporate Focus and Stock Returns [J]. Journal of Financial Economics, 1995, 37 (1): 67-87.

[76] ALEXANDER G J, BENSON G P, KAMPMEYER J. Investigating the Valuation Effects of Announcement of Voluntary Divestures [J] . Journal of Finance, 1984, 39: 503-517.

[77] JOHN K, OFEK E. Asset Sales and Increase in Focus [J]. Journal of Financial Economics, 1995, 37 (1): 105-126.

[78] VIDAL E, MITCHELL W. Adding by Subtracting: The Relationship Between Performance Feedback and Resource Reconfiguration through Divestitures [J]. Organization Science, 2015, 26 (4): 1101-1118.

[79] LANG L, POULSEN A, STULZ R. Asset Sales, Firm Performance, and the Agency Costs of Managerial Discretion [J]. Journal of Financial Economics, 1995, 37 (1): 3-37.

[80] MAKSIMOVIC V, PHILLIPS G.The Market for Corporate Assets: Who Engages in Mergers and Asset Sales and Are There Efficiency Gains? [J]. Journal of Finance, 2001, 56 (6): 2019-2065.

[81] JAIN B A, KINI O, SHENOY J. Vertical Divestitures through Equity Carve-outs and Spin-offs: A Product Markets Perspective [J]. Journal of Financial Economics., 2011, 100 (3): 594-615.

[82] POITRAS G, WILKINS T, KWAN Y S.The Timing of Asset Sales: Evidence of Earning Management [J]. Journal of Business Finance & Accounting, 2002, 29 (2): 903-934.

[83] KAPLAN S, WEISBACH M S.The Success of Acquisitions: Evidence from Divestitures [J]. Journal of Finance, 1992 (47): 107-139.

[84] MULHERIN J H, BOONE A.Comparing Acquisitions and Divestitures [J]. Journal of Corporate Finance, 2000, 6 (2): 117-139.

[85] DITTMAR A, SHIVDASANI A. Divestitures and Divisional Investment Policies [J]. Journal of Finance, 2003, 58 (6): 2711-2743.

[86] CAPRON L, MITCHELL W, SWAMINATHAN A. Asset Divestiture

following Horizontal Acquisitions: A Dynamic View [J]. Strategic Management Journal, 2001, 22 (9): 817-844.

[87] HITE G L, OWERS J E, ROGERS R C.The Market for Inter-Firm Asset Sales, Partial Sell-offs and Total Liquidations [J]. Journal of Financial Economics, 1987, 18 (2): 229-252.

[88] HELFAT C E, EISENHARDT K M.Inter-temporal Economies of Scope, Organizational Modularity and the Dynamics of Diversification [J]. Strategic Management Journal, 2004, 25 (13): 1217-1232.

[89] MAKSIMOVIC V, PHILLIPS G. Do Conglomerate Firms Allocate Resources Ineffficiently across Industries? Theory and Evidence [J]. Journal of Finance, 2002 (57): 721-767.

[90] NGUYEN P.The Role of the Seller's Stock Performance in the Market Reaction to Divestiture Announcements [J]. Journal of Economics and Finance, 2016, 40 (1): 19-40.

[91] DENIS D K, SHOME D K. An Empirical Investigation of Corporate Asset Downsizing [J]. Journal of Corporate Finance, 2005, 11 (3): 427-448.

[92] SHLEIFER A, VISHNY R W. Politicians and Firms [J]. The Quarterly Journal of Economics, 1994, 109 (4): 995-1025.

[93] CAMPELLO M, GRAHAM O R, HARVEY C R. The Real Effects of Financial Constraints: Evidence from a Financial Crisis [J]. Journal of Financial Economics , 2009 (12): 470-487.

[94] OFFICER M S.The Price of Corporate Liquidity: Acquisition Discounts for Unlisted Targets [J]. Journal of Financial Economics, 2007, 83 (3): 571-598.

[95] BORISOVA G, JOHN K, SALOTTIA V.The Value of Financing through Cross - Border Asset Sales: Shareholder Returns and Liquidity [J]. Journal of Corporate Finance, 2013 (22): 320-344.

[96] HOVAKIMIAN G, TITMAN S. Corporate Investment with Financial Constraints: Sensitivity of Investment to Funds from Voluntary Asset Sales [J]. Journal of Money, Credit and Banking, 2006, 38 (2): 357-374.

[97] BORISOVA G, BROWN J R. R&D Sensitivity to Asset Sale Proceeds: New Evidence on Financing Constraints and Intangible Investment [J]. Journal of Banking & Finance, 2013, 37 (1): 159-173.

[98] ASQUITH P, Mullins D W. Equity Issues and Offering Dilution [J]. Journal of Financial Economics, 1986, 15 (1-2): 61-89.

[99] BATES T W. Asset Sales, Investment Opportunities, and the Use of Proceeds [J]. The Journal of Finance, 2005, 60 (1): 105-135.

[100] HEGE U, LOVO S, SLOVIN M, et al. Equity and Cash in Intercorporate Asset Sales: Theory and Evidence [J]. The Review of Financial Studies, 2009, 22 (2): 681-714.

[101] CUSATIS P J, MILES J A, WOOLRIDGE J R. Restructuring through Spinoffs: the Stock Market Evidence [J]. Journal of Financial Economics, 1993, 33 (3): 293-311.

[102] NANDA V, NARAYANAN M P. Disentangling Value: Financing Needs, Firm Scope, and Divestitures [J]. Journal of Financial Intermediation, 1999, 8 (3): 174-204.

[103] KRISHNASWAMI S, SUBRAMANIAM V. Information Asymmetry, Valuation, and the Corporate Spin-off Decision [J]. Journal of Financial Economics, 1999, 53 (1): 73-112.

[104] BRADLEY A M, HAN KIM D E. The Rationale Behind Interfirm Tender Offers [J]. Journal of Financial Economics, 1983 (11): 183-206.

[105] GILSON S C, HEALY P M, NOE C F, et al. Analyst Specialization and Conglomerate Stock Breakups [J]. Journal of Accounting Research, 2001, 39 (3): 565-582.

[106] PREZAS A P, SIMONYAN K. Corporate Divestitures: Spin-offs vs. sell-offs [J]. Journal of Corporate Finance, 2015, 34 (10): 83-107.

[107] WESTON J F. Divestitures: Mistakes or Learing [J]. Journal of Applied Corporate Finance, 2005, 2 (2): 68-76.

[108] BARKEMA H G, SCHIJVEN M. Toward Unlocking the Full Potential of Acquisitions: the Role of Organizational Restructuring [J]. Academy of Management Journal, 2008, 51 (4): 696-722.

[109] PORTER M E. MFrom Competitive Advantage to Corporate Strategy [J]. Harvard Business Review, 1987 (5): 43-59.

[110] WRIGHT P, FERRIS S P. Agency Conflict and Corporate Strategy: the Effect of Divestment on Corporate Value [J]. Strategic Management Journal, 1997, 18 (1): 77-83.

[111] HAYNES M, THOMPSON S, WRIGHT M. The Determinants of Corporate Divestment: fvidence from a Panel of UK Firms [J]. Journal

of Economic Behavior & Organization，2003，52（1）：147-166.

[112] BERGH D.Size and Relatedness of Units Sold：An Agency Theory and Resource-based Perspective [J]. Strategic Management Journal，1995，16（3）：221-239.

[113] STULZ R. Managerial Discretion and Optimal Financing Policies [J]. Journal of Financial Economics，1990，26（1）：3-27.

[114] ANJOS F. Costly Refocusing，the Diversification Discount，and the Pervasiveness of Diversified Firms [J]. Journal of Corporate Finance，2010，16（3）：276-287.

[115] BERGER P G，OFEK E. Diversification's Effect on Firm Value [J]. Journal of Financial Economics，1995，37（1）：39-65.

[116] RAVENSCRAFT D J，SCHERER F M. Mergers，Sell-offs，and Economic Efficiency [M]. Washington，D.C：Brookings Institution Press，2011.

[117] MA Q，WANG S. A Unified Theory of Forward-and Backward-Looking M&As and Divestitures [J]. European Financial Management，2017，24（2）：418-450.

[118] BERGH D D. Predicting Divestiture of Unrelated Acquisitions：An Integrative Model of Ex-ante Conditions [J]. Strategic Management Journal，1997，18（9）：715-731.

[119] DUTZ M A. Horizontal Mergers in Declining Industries：Theory and Evidence [J]. International Journal of Industrial Organization，1989，7：11-33.

[120] RAMASWAMY K. The Performance Impact of Strategic Similarity in Horizontal Mergers：Evidence from the U.S.Banking Industry [J]. The Academy of Management Journal，1997，40（3）：697-715.

[121] ILMAKUNNAS P，TOPI J. Microeconomic and Macroeconomic Influences on Entry and Exit of Firms [J]. Review of Industrial Organization，1999，15（3）：283-301.

[122] SEMBENELLI A，VANNONI D.Why Do Established Firms Enter Some Industries and Exit Others? Empirical Evidence on Italian Business Groups [J]. Review of Industrial Organization，2000，17（4）：441-456.

[123] MASULIS R W，WANG C，XIE F.Corporate Governance and Acquirer Returns [J]. Journal of Finance，2007，62（4）：1851-1889.

[124] OWEN S，SHI L，YAWSON A. Divestitures，Wealth Effects and

Corporate Governance [J]. Accounting and Finance, 2010, 50 (2): 389-415.

[125] ECKBO B E, THORBURN K S. Corporate Restructuring: Breakups and LBOs [J]. Handbook of Corporate Finance: Empirical Corporate Finance, 2008.

[126] STIGLER G J. The Division of Labor is Limited by the Extent of the Market [J]. Journal of Political Economy, 1951, 59 (3): 185-193.

[127] SAPPINGTON D E. On the Merits of Vertical Divestiture [J]. Review of Industrial Organization, 2006, 29 (3): 171-191.

[128] GOLDER P N, MARKOVITCH D G, O'BRIEN J P. When Do Investors Reward Acquisitions and Divestitures? The Contrasting Implications of Normative and Behavioral Economic Theories [J]. Managerial and Decision Economics, 2018, 39 (2): 226-239.

[129] KOLEV K D. To Divest or Not to Divest: A Meta-analysis of the Antecedents of Corporate Divestitures [J]. British Journal of Management, 2016, 27 (1): 179-196.

[130] FINLAY W, MARSHALL A, MCCOLGAN P. Financing, Fire Sales, and the Stockholder Wealth Effects of Asset Divestiture Announcements [J]. Journal of Corporate Finance, 2018, 50 (1): 323-348.

[131] DURAND R, VERGNE J. Asset Divestment as a Response to Media Attacks in Stigmatized Industries [J]. Strategic Management Journal, 2015, 36 (8): 1205-1223.

[132] PERUFFO E, MARCHEGIANI L, VICENTINI F. Experience as a Source of Knowledge in Divestiture Decisions: Emerging Issues and Knowledge Management Implications [J]. Journal of Knowledge Management, 2018, 22 (2): 344-361.

[133] CHEN S, FELDMAN E R. Activist-impelled Divestitures and Shareholder Value [J]. Strategic Management Journal, 2018, 39 (10): 2726-2744.

[134] RAWLEY E. Diversification, Coordination Costs, and Organizational Rigidity: Evidence from Microdata [J]. Strategic Management Journal, 2010, 31 (8): 873-891.

[135] ZHOU Y M. Synergy, Coordination Costs, and Diversification Choices [J]. Strategic Management Journal, 2011, 32 (6): 624-639.

[136] GARTENBERG C, PIERCE L. Subprime Governance: Agency Costs in

Vertically Integrated Banks and the 2008 Mortgage Crisis [J]. Strategic Management Journal, 2017, 38 (2): 300-321.

[137] LITOV L P, ZENGER T, MORETON P S.Corporate Strategy, Analyst Coverage, and the Uniqueness Paradox [J]. Management Science, 2012, 58 (10): 1797-1815.

[138] MARKIDES C, SINGH H.Corporate Restructuring: A Symptom of Poor Governance or a Solution to Past Managerial Mistakes? [J]. European Management Journal, 1997, 15 (3): 213-219.

[139] LOCKETT A, WILD A. A Penrosean Theory of Acquisitive Growth [J]. Business History, 2013, 55 (5): 790-817.

[140] ASEEM K.Technology and Corporate Scope: Firm and Rival Innovation as Antecedents of Corporate Transactions [J]. Strategic Management Journal, 2012, 33 (4), 347-367.

[141] HOSKISSON ROBERT E, JOHNSON R A, DOUGLAS D. Moesel Corporate Divestiture Intensity in Restructuring Firms: Effects of Governance, Strategy, and Performance [J]. The Academy of Management Journal, 1994, 37 (5): 1207-1251.

[142] SHIMIZU K. Prospect Theory, Behavioral Theory, and the Threat-Rigidity Thesis: Combinative Effects on Organizational Decisions to Divest Formerly Acquired Units [J]. The Academy of Management Journal, 2007, 50 (6): 1495-1514.

[143] FELDMAN E R. Legacy Divestitures: Motives and Implications [J]. Organization Science, 2014, 25 (3): 815-832.

[144] ABOR J, GRAHAM M, YAWSON A. Corporate Governance and Restructuring Activities following Completed Bids [J]. Corporate Governance: An International Review, 2011, 19 (1): 61-76.

[145] NICKERSON J A, ZENGER T R. Envy, Comparison Costs, and the Economic Theory of the Firm [J]. Strategic Management Journal, 2008, 29 (13): 1429-1449.

[146] WU J, XU D, PHAN P H. The Effects of Ownership Concentration and Corporate Debt on Corporate Divestitures in Chinese Listed Firms [J]. Asia Pacific Journal of Management, 2011, 28 (1): 95-114.

[147] CLAESSENS S, DJANKOV S, LANG L H.The Separation of Ownership and Control in East Asian Corporations [J]. Journal of Financial Economics, 2000, 58 (1-2): 81-112.

[148] AHN S, WALKER M D. Corporate Governance and the Spinoff Decision [J]. Journal of Corporate Finance, 2007, 13 (1): 76-93.

[149] DAILY C M, DALTON D R, CANNELLA A, et al. Corporate Governance: Decades of Dialogue and Data [J]. Academy of Management Review, 2003, 28 (3): 371-382.

[150] BRAV A, JIANG W, KIM H. Hedge Fund Activism: A Review [J]. Foundations and Trends in Finance, 2009, 4 (3): 185-246.

[151] JENSEN M C. The Modern Industrial Revolution, Exit, and the Failure of Internal Control Systems [J]. Journal of Applied Corporate Finance, 1993, 6 (3): 831-880.

[152] APPEL I R, GORMLEY T A, KEIM D B. Passive Investors, not Passive Owners [J]. Journal of Financial Economics, 2016, 121 (1): 111-141.

[153] BOUDREAUX K J. Divestiture and Share Price [J]. The Journal of Financial and Quantitative Analysis, 1975, 10 (4): 619-626.

[154] COHEN M A. A study of Vertical Integration and Vertical Divestiture: The Case of Store Brand Milk Sourcing in Boston [J]. Journal of Economics & Management Strategy, 2013, 22 (1): 101-124.

[155] KARIM S, KAUL A. Structural Recombination and Innovation: Unlocking Intraorganizational Knowledge Synergy through Structural Change [J]. Organization Science, 2015, 26 (2): 439-455.

[156] PATHAK S, HOSKISSON R E, JOHNSON R A. Settling up in CEO Compensation: The Impact of Divestiture Intensity and Contextual Factors in Refocusing Firms [J]. Strategic Management Journal, 2014, 35 (8): 1124-1143.

[157] FELDMAN E R. Managerial Compensation and Corporate Spinoffs [J]. Strategic Management Journal, 2015, 37 (10): 2011-2030.

[158] VIDAL E, MITCHELL W. Virtuous or Vicious Cycles? The Role of Divestitures as a Complementary Penrose Effect within Resource-based Theory [J]. Strategic Management Journal, 2018, 39 (1): 131-154.

[159] KAPRIELYAN M. Valuation Consequences of the Decision to Divest in the Globalized World [J]. Journal of Multinational Financial Management, 2016 (36): 16-29.

[160] LEE D, MADHAVAN R. Divestiture and Firm Performance: A Meta-analysis [J]. Journal of Management, 2010, 36 (6): 1345-1371.

[161] PERUFFO E, ORIANI R, FOLTA T B.The Dark Side of Divestiture: An Analysis of Principal-Principal Conflicts in Western European Countries [EB/OL]. [2018-10-17]. https://www.researchgate.net/publication/328333877_The_Dark_Side_of_Divestiture_The_Dark_Side_of_Divestiture_An_Analysis_of_Principal-Principal_Conflicts_in_Western_European_Countries.

[162] FELDMAN E R, AMIT R, VILLALONGA B.Family Firms and the Stock Market Performance of Acquisitions and Divestitures [J]. Strategic Management Journal, 2019, 40 (5): 757-780.

[163] COAKLEY J, THOMAS H, WANG H.The Short-run Wealth Effects of Foreign Divestitures by UK Firms [J]. Applied Financial Economics, 2007, 26: 173-184.

[164] CLAYTON M J, REISEL N. Value Creation from Asset Sales: New Evidence from Bond and Stock Markets [J]. Journal of Corporate Finance, 2013 (22): 1-15.

[165] POWELL R, YAWSON A. Internal Restructuring and Firm Survival [J]. International Review of Finance, 2012, 12 (4): 435-467.

[166] FOLTA T B, HELFAT C E, KARIM S. Examining Resource Redeployment in Multi-business Firms [J]. Resource Redeployment and Corporate Strategy, 2016 (35): 1-17.

[167] LEVINTHAL D A, WU B. Opportunity Costs and Non-scale Free Capabilities: Profit Maximization, Corporate Scope, and Profit Margins [J]. Strategic Management Journal, 2010, 31 (7): 780-801.

[168] USHIJIMA T, SCHAEDE U. The Market for Corporate Subsidiaries in Japan: An Empirical Study of Trades among Listed Firms [J]. Discussion Papers, 2013, 31 (3): 36-52.

[169] XU R, CHOW Y L, OOI J T. A Relook into the Impact of Divestitures in the Presence of Agency Conflicts: Evidence from Property Subsidiary Sell-offs in China [J]. The Journal of Real Estate Finance and Economics, 2017, 55 (3): 313-344.

[170] KHANNA T, PALEPU K. Is Group Affiliation Profitable in Emerging Markets? An Analysis of Diversified Indian Business Groups [J]. Journal of Finance, 2000a, 55 (2): 867-892.

[171] KHANNA T, PALEPU K. The Future of Business Groups in Emerging Markets: Long-run Evidence from Chile [J]. The Academy of Management Journal, 2000b, 43 (3): 268-285.

[172] AMMANN M, HOECHLE D, SCHMID M. Is There Really No Conglomerate Discount? [J]. Journal of Business Finance & Accounting, 2012, 39 (1-2): 264-288.

[173] CURI C, MURGIA M. Divestitures and the Financial Conglomerate Excess Value [J]. Journal of Financial Stability, 2018 (36): 187-207.

[174] SCHMID M M, WALTER I. Do Financial Conglomerates Create or Destroy Economic Value? [J]. Journal of Financial Intermediation, 2009, 18 (2): 193-216.

[175] HUANG W, CHEN K C. Asset Sales, Asset Exchanges, and Shareholder Wealth in China [J]. Review of Development Finance, 2012, 2 (1): 1-8.

[176] DEPECIK B, EVERDINGEN Y M, BRUGGEN G H. Firm Value Effects of Global, Regional, and Local Brand Divestments in Core and Non-Core Businesses [J]. Global Strategy Journal, 2013, 4 (2): 143-160.

[177] CHANG S J. An Evolutionary Perspective on Diversification and Corporate Restructuring: Entry, Exit and Economic Performance During 1981-1989 [J]. Strategic Management Journal, 1996, 17 (8): 587-611.

[178] HUANG S. Managerial Expertise, Corporate Decisions and Firm Value: Evidence from Corporate Refocusing [J]. Journal of Financial Intermediation, 2014, 23 (3): 348-375.

[179] JENSEN M C, MECKLING W H. Theory of the Firm: Managerial Behavior, Agency Costs and Ownership Structure [J]. Journal of Financial Economics, 1976, 3 (4): 305-360.

[180] ERTIMUR Y, FERRI F, MUSLU V. Shareholder Activism and CEO Pay [J]. The Review of Financial Studies, 2011, 24 (2): 535-592.

[181] TEECE D J. Explicating Dynamic Capabilities: The Nature and Microfoundations of Sustainable Enterprise Performance [J]. Strategic Management Journal, 2007, 28 (13): 1319-1350.

[182] CAPRON L, MITCHELL W. Selection Capability: How Capability Gaps and Internal Social Frictions Affect Internal and External Strategic Renewal [J]. Organization Science, 2009, 20 (2): 294-312.

[183] HELFAT C E, PETERAF M A. Managerial Cognitive Capabilities and the Microfoundations of Dynamic Capabilities [J]. Strategic Management Journal, 2015, 36 (6): 831-850.

[184] KUUSELA P, KEIL T, MAULA M. Driven by Aspirations, but in What Direction? Performance Shortfalls, Slack Resources, and Resource-

consuming vs Resource-freeing Organizational Change [J]. Strategic Management Journal, 2017, 38 (5): 1101–1120.

[185] STAW B M, SANDELANDS L E, DUTTON J E.Threat-rigidity Effects in Organizational Behavior: A Multilevel Analysis [J]. Administrative Science Quarterly, 1981, 26 (4): 501–524.

[186] CHEN W, MILLER K D. Situational and Institutional Determinants of Firms' R&D Search Intensity [J]. Strategic Management Journal, 2007, 28 (4): 369–381.

[187] ALEXANDROU G, SUDARSANAM S. Share Holder Wealth Effects of Corporate Selloffs: Impact of Growth Opportunities, Economic Cycle and Bargaining Power [J]. European Financial Management, 2001, 7 (2): 237–258.

[188] ALMEIDA H V, WOLFENZON D. A Theory of Pyramidal Ownership and Family Business Groups [J]. Journal of Finance, 2006, 61 (6): 2637–2680.

[189] LUO Q, LI H, ZHANG B. Financing Constraints and the Cost of Equity: Evidence on the Moral Hazard of the Controlling Shareholder [J]. International Review of Economics and Finance, 2014 (36): 99–106.

[190] SENA V. Technical Change and Finance Constraint: An Empirical Analysis for the Italian Manufacturing Firms [C]. New York: University of New York, 1998.

[191] AGGARWAL R, SAMWICK A. Empire Builders and Shirkers: Investment, Firm Performance and Managerial Incentives [J]. Journal of Corporate Finance, 2006 (12): 489–515.

[192] HADLOCK C J, PIERCE J R. New Evidence on Measuring Financial Constraints: Moving beyond the KZ Index [J]. The Review of Financial Studies, 2010, 23 (5): 1909–1940.

[193] ALMEIDA H, CAMPELLO M, WEISBACH M S. The Cash Flow Sensitivity of Cash [J]. The Journal of Finance, 2004, 59 (4): 1777–1804.

[194] CARPENTER R E, GUARIGLIA C A. Cash Flow, Investment, and Investment Opportunities: New Tests Using UK Panel Data [J]. Journal of Banking & Finance, 2008, 32 (9): 1894–1906.

[195] CLEARY S. The Relationship between Firm Investment and Financial

Status [J]. The Journal of Finance, 1999, 54 (2): 673-692.

[196] OWEN L, POLK C, SAÁ-REQUEJO J. Financial Constraints and Stock Returns [J]. The Review of Financial Studies, 2001, 14 (2): 529-554.

[197] WHITED T M, WU G. Financial Constraints Risk [J]. Review of Financial Studies, 2006, 19 (2): 531-559.

[198] PREACHER K J, HAYES A F. Asymptotic and Resampling Strategies for Assessing and Comparing Indirect Effects in Multiple Mediator Models [J]. Behavior Research Methods, 2008, 40 (3): 879-891.

[199] ZWIEBEL J. Dynamic Capital Structure under Management Entrenchment [J]. American Economic Review, 1996, 86 (5): 1197-1215.

[200] JENSEN M C. Agency Costs of Free Cash Flow, Corporate Finance, and Takeovers [J]. The American Economic Review, 1986, 76 (2): 323-329.

[201] VILLALONGA B, MCGAHAN A M. The Choice Among Acquisitions, Alliances, and Divestitures [J]. Strategic Management Journal, 2005, 26 (13): 1183-1208.

[202] LAEVEN L, LEVINE R. Is There a Diversification Discount in Financial Conglomerates? [J]. Journal of Financial Economics, 2007, 85 (2): 331-367.

[203] SANDERS G. Behavioral Responses of CEOs to Stock Ownership and Stock Option Pay [J]. Academy of Management Journal, 2001, 44 (3): 477-492.

[204] RICHARDSON S. Over Investment of Free Cash Flow [J]. Review of Accounting Studies, 2006 (11): 159-189.

[205] HINLOOPEN J, MARREWIJK C. Dynamics of Chinese Comparative Advantage [J]. SSRN Electronic Journal, 2004 (4): 1-70.

[206] LOASBY B J. The Organization of Capabilities [J]. Journal of Economic Behavior and Organization, 1998, 35 (2): 139-160.

[207] ANSOFF H I. Corporate Strategy: An Analytical Approach to Business Policy for Growth and Expansion [M]. New York: McGraw-Hill, 1965.

[208] PENROSE E. The Theory of the Growth of the Firm [M]. Oxford: Oxford University Press, 1959.

[209] BARNEY J B. Firm Resources and Sustained Competitive Advantage [J]. Journal of Management, 1991, 17 (1): 99-120.

[210] LEONARD B D. Core Capabilities and Core Rigidities: A paradox in Managing New Product Development [J]. Strategic Management Journal, 1992, 13 (S1): 111-125.

[211] ZAJAC E J, KRAATZ M S, BRESSER R K. Modeling the Dynamics of Strategic Fit: A Normative Approach to Strategic Change [J]. Strategic Management Journal, 2000, 21 (4): 429-453.

[212] TEECE D J, PISANO G, SHUEN A. Dynamic Capabilities and Strategic Management [J]. Strategic Management Journal, 1997, 18 (7): 509-533.

[213] EISENHARDT K M, MARTIN J A. Dynamic Capabilities: What Are They? [J]. Strategic Management Journal, 2000, 21 (10-11): 1105-1121.

[214] GALUNIC D C, RODAN S. Resource Recombinations in the Firm: Knowledge Structures and the Potential for Schumpeterian Innovation [J]. Strategic Management Journal, 1998, 19 (12): 1193-1201.

[215] YI Y, HE X, NDOFOR H, et al. Dynamic Capabilities and the Speed of Strategic Change: Evidence from China [J]. IEEE Transactions on Engineering Management, 2014, 62 (1): 18-28.

[216] HOSKISSON R E, HITT M A. Strategic Control Systems and Relative R&D Investment in Large Multiproduct Firms [J]. Strategic Management Journal, 1988, 9 (6): 605-621.

[217] ZUCKERMAN E W. Focusing the Corporate Product: Securities Analysts and De-diversification [J]. Administrative Science Quarterly, 2000, 45 (3): 591-619.

[218] SANTOS F M, EISENHARDT K M. Organizational Boundaries and Theories of Organization [J]. Organization Science, 2005, 16 (5): 491-508.

[219] JACQUEMIN A P, BERRY C H. Entropy Measure of Diversification and Corporate Growth [J]. Journal of Industrial Economics, 1979, 27 (4): 359-369.

索引